dolci e pani regionali italiani

# イタリアの地方菓子とパン

✢✿❋✿✢

須山雄子

世界文化社

## はじめに

# 世界で愛される
# 地方出身のドルチェとパン

イタリア菓子といえば、まず思い浮かぶのはティラミスではないだろうか?
この夏、そのティラミスのルーツをめぐり論争が起きた。
発端は、フリウリ=ヴェネツィア・ジューリア州が、ティラミスを
自州の伝統的な農産物加工品リストに入れ、農林政策省が認めたからだ。
それまで長いことヴェネト州発祥と認識されてきたことから、
これを知ったヴェネト州ザイア知事は異議を唱え、
政府の良識ある判断を求めて、撤回を強く訴えたのである。
このようにイタリアの人々とドルチェの関係は、とても熱く深い。

イタリアの朝も、実はドルチェではじまる。
家庭では、甘いクッキーとカフェ・ラッテの組み合わせのほか、
パンやプレーンラスクにジャムやチョコレートクリーム、
また前の晩に残ったケーキということもある。バールでも、
カップチーノを片手にジャムやチョコレート入りの
ブリオッシュを頬張る人たちで賑わうのが典型的な朝の光景だ。
朝食は、即エネルギーになる甘いものが最適というのがイタリア人の理屈である。

朝だけではなく、おしゃべり好きのイタリア人にとって、
ドルチェは話を弾ませ、フレンドリーな交友関係を盛り上げるために
大いに役立っている。
食事に招待された時の定番の手みやげは、
チョコレート菓子やミニヨンと呼ぶプチケーキ類である。
直径4cmほどの生クリームやチョコクリーム入りのシューや、
カスタードクリーム入りの長さ5cmの折りパイ生地コルネ、
そして最近ローマやミラノでも
ナポリ発スフォリアテッレのミニ版なども加わるようになった。
一方ティータイムの訪問には、
レトロ調の化粧缶入りブルッティ・エ・ブオーニや
ひとつずつ銀紙に包まれた可愛いバーチ・ディ・ダーマなどが、
歓迎される焼き菓子である。

ところで、イタリアでは、食卓にパスタはなくても、
パンがないと食事がはじまらない。
「パンのようによい人」という表現があるように、
パンは善良なイメージとともに、イタリアの食の根幹をなす
重要な存在である。実家から戻る際は、幼い頃から慣れ親しんだ
郷土のパンを、わざわざ持ち帰ることも多い。

南北に長い地形を持つイタリアでは、気候風土の違いから、
収穫される産物に多様な個性が生まれる。
なかでも高い生産量を誇る小麦は、
伝統的にイタリアの食文化を築いてきた立役者である。

菓子やパンの基本材料の小麦も、北部の軟質、南部の硬質と
地域により異なる性格を持つ種類が栽培され、使われている。
それら素材の風味がストレートに伝わる
素直な味や歯応え、豊かなバリエーションが
地方菓子やパンの大きな特色だ。
それゆえ地方ごとに菓子やパンの店に並ぶ顔ぶれも大きく違う。
各地方の店頭のショーケースには、郷土カラーが色濃く残り、
いまだに現地でしかお目にかかれない菓子やパンも存在する。

またイタリアは、幾多の民族から影響を受けて来た長い歴史を持つ。
そのため各地で醸成された固有な食文化のもと、
地方菓子もパンも、それぞれ独特な生い立ちを背負い、成長してきたのである。

この1冊に、そんなさまざまな背景から生まれ、
育まれてきた多彩なイタリア全州の
地方菓子とパンを94品集めた。
ページをめくりながら北から南の地方菓子やパンの魅力に触れ、
なにより楽しく味わっていただければ幸いである。

# Sommario

- 2　はじめに
- 8　本書を読むにあたって

## Nord
### 北イタリア

**ピエモンテ州**
- 10　アマレッティ
- 12　サヴォイアルディ
- 14　ザバイオーネ
- 16　ジャンドゥイオッティ
- 18　ボネ
- 20　トルタ・ディ・ノッチョーレ
- 22　パンナコッタ
- 24　バーチ・ディ・ダーマ
- 26　メリンゲ
- 28　モンテビアンコ
- 30　グリッシーニ

**ヴァッレ・ダオスタ州**
- 32　テーゴレ

**リグーリア州**
- 34　カスタニャッチョ
- 36　カネストレッリ
- 38　フォカッチャ
- 39　チャッペ

**ロンバルディア州**
- 40　パネットーネ
- 42　パン・デ・メイ
- 44　コロンバ
- 46　トルタ・パラディーゾ
- 48　トルタ・ディ・タリアテッレ
- 50　ズブリゾローナ
- 52　トッローネ
- 54　ブルッティ・エ・ブオーニ
- 56　サラーメ・ディ・チョッコラート

| | |
|---|---|
| 58 | キヤッケレ |
| 60 | トルタ・デッレ・ローゼ |
| 62 | ミケッタ |
| 64 | パーネ・ディ・リーゾ |

**トレンティーノ＝アルト・アディジェ州**

| | |
|---|---|
| 66 | ゼルテン |
| 68 | ストゥルーデル |
| 70 | シュッテルブロット |
| 72 | パニョッタ・プステレーゼ |
| 73 | パアル |

**フリウリ＝ヴェネツィア・ジューリア州**

| | |
|---|---|
| 74 | グバーナ |
| 76 | プレスニッツ |
| 78 | フリッテッレ |

**北部一帯**

| | |
|---|---|
| 80 | パーネ・ディ・マイス |

**ヴェネト州**

| | |
|---|---|
| 82 | パンドーロ |
| 84 | バイーコリ |
| 86 | ティラミス |
| 88 | チャバッタ |

**エミリア＝ロマーニャ州**

| | |
|---|---|
| 90 | クロスタータ |
| 92 | トルタ・ディ・リーゾ |
| 94 | トルタ・バロッツィ |
| 96 | スポンガータ |
| 98 | パンパパート |
| 100 | ニョッコ・フリット |
| 102 | ピアディーナ |
| 103 | コッピア・フェッラレーゼ |
| 104 | **Column 1** お菓子なしには成立しないイタリアの年中行事 |

# Centro
## 中部イタリア

**トスカーナ州**
- 106 カントゥッチ
- 108 ズッパ・イングレーゼ
- 110 ズッコット
- 112 パンフォルテ
- 114 リッチャレッリ
- 116 チャルデ
- 118 ブリジディーニ
- 120 パーネ・トスカーノ

**ウンブリア州**
- 122 トルチリオーネ
- 124 ピッツァ・ディ・パスクワ
- 126 トルタ・アル・テスト

**マルケ州**
- 128 ボストレンゴ

**アブルッツォ州**
- 130 パロッツォ
- 132 コンフェッティ

**ラツィオ州**
- 134 マリトッツォ
- 136 ピッツァ・ビアンカ
- 137 パーネ・カサレッチョ・ディ・ジェンツァーノ

- 138 **Column 2**
  イタリア人の食卓と甘みの変遷
- 140 **Column 3**
  掲載できなかった D.O.P.、I.G.P. のパン

南イタリア

**カンパーニア州**
- 142 ババ
- 144 スフォリアテッレ
- 146 ストゥルッフォリ
- 148 パスティエーラ
- 150 ゼッポレ

**モリーゼ州**
- 152 オスティエ・リピエーネ

**バジリカータ州**
- 154 ストラッツァーテ

**プーリア州**
- 156 カルテッラーテ
- 158 フリセッレ
- 159 パーネ・プリエーゼ
- 160 パーネ・ディ・アルタムーラ
- 161 タラッリ

**カラーブリア州**
- 162 ピッタンキューザ
- 164 クロチェッテ

**シチリア州**
- 166 カンノーリ
- 168 カッサータ
- 170 フルッタ・マルトラーナ
- 172 ブリオッシュ・コン・ジェラート
- 174 グラニータ
- 176 パーネ・ネーロ・ディ・カステルヴェトラーノ
- 178 パーネ・シチリアーノ

**サルデーニャ州**
- 180 セアダス
- 182 パルドゥラス
- 184 パーネ・カラザウ

- 186 イタリアで使われる地方菓子の材料
- 188 INDICE／SHOP DATA
- 191 おわりに

### 本書を読むにあたって

* イタリア語表記について、本書ではイタリアでの一般的な呼称の慣習に従って、単数・複数形の使い分けをしました。
* 本書のレシピは、イタリアで取材した、または受け継がれたレシピを元に日本向けに調整していますが、日本では入手しにくい材料や型、道具が一部含まれています。ご理解のうえ、レシピを目安としてお楽しみください。
* 本文中の硬質小麦とは日本の薄力粉や強力粉とは性質の異なる小麦の種類で、デューラム小麦のことを指します。その挽き方によって粗挽きのセモリナ粉と、細挽きのリマチナータ粉に分かれています。
* 小麦粉（タイプ00）はイタリアの製粉方法にしたがった商品です。手に入らなければ、小麦粉（タイプ00）とあるものは薄力粉または中力粉、（タイプ0）とあるものは強力粉で代用してください。
* レシピにあるオレンジピール、シトロンピールはここではそれぞれの砂糖漬けのことを指しています。シトロンピールがなければ、レモンピールで代用してください。
* チョコレートはお好みのカカオ分を選んでください。

# Nord

北イタリア

Piemonte
Valle d'Aosta
Liguria
Lombardia
Trentino-Alto Adige
Friuli-Venezia Giulia
Veneto
Emilia-Romagna

PIEMONTE

【ピエモンテ州】

イタリア風アーモンドマカロン

# アマレッティ
**Amaretti**

ふだんのお菓子

　アマレッティという菓子の名は、「苦み」という意味の「アマーロ」からきている。実際、甘くてほんのり苦い。材料にはビターアーモンド*とスイートアーモンドの2種類のアーモンドを粉にして使い、卵白と砂糖を混ぜてオーブンで焼いたシンプルな菓子である。

　文献によれば、「アマレッティはルネッサンス期にヴェネツィアで生まれた」とある。そして、カテリーナ・デ・メディチがフランスへ伝え、「マカロン」になった……。

　マカロンといえば、子どものころのおやつによく食べたものだ。でも、記憶のなかのマカロンはフランスのそれではなく、イタリアのクラシックタイプと呼ばれるアマレッティに近い。半球を押しつぶしたような形で、色は濃い茶色。ツルリとした表面にいくつものひびが入ったものだ。

　先日買ったアマレッティの包装紙にも、イタリア語：アマレッティ、フランス語：マカロン、英語：マカロンという表示があった。アマレッティもマカロンも、ルーツが同じであることは確かなようだ。

　ただイタリアにも、さまざまなアマレッティがある。リグーリア州サッセッロのそれは淡い茶色のソフトなもの、ロンバルディア州ローディでは小粒だが、サロンノのものは茶色が濃く、なかには粒状の砂糖がまぶされているものもある。トスカーナ州のサンジミ

北イタリア／ピエモンテ州

ニャーノはサッセッロと同じようにソフト、サルデーニャ州カルロフォルテのアマレッティは大ぶりでソフト、オリスターノのものはクラシックタイプである。

ヴェネツィアが発祥といわれ、またこんなにも多種多様なタイプが全国にあるにもかかわらず、なぜかアマレッティはピエモンテ州の地方菓子とされている。それには2つの理由があるようだ。まず、町ごと、菓子店ごとにカリカリした堅いものから、ふんわりしたソフトなもの、サクサク軽いものなどいろいろな種類がそろっていること、そして料理や菓子の材料としても使われているためらしい。

たとえば「桃のアマレッティ詰め、オーブン焼き」は、ピエモンテの郷土料理レストランの定番ドルチェ。フレッシュな桃を半分に切り、種を取り除いてそのくぼみにアマレッティを詰め、オーブンで焼いたものだ。またピエモンテ料理の代表格、フリット・ミストにも、肉や野菜だけでなく、衣をつけて揚げたアマレッティが欠かせない。

ピエモンテのアルバのパスティッチェリーアで、以前見かけた直径10cmもある巨大アマレッティなど、イタリアには、私たちの知らないアマレッティがまだまだありそうだ。

＊アーモンドの種類には、ビター系とスイート系がある。ビターアーモンドは風味が強く、少量を使用する。医薬品にも使われ、アマレッティの特徴的な香りを出すのに伝統的に使われている。

### 材料（クラシックタイプ 約45個分）

スイートアーモンド … 200g
グラニュー糖 … 160g
ビターアーモンド[※] … 50g
卵白 … 2個分
粉糖 … 適量

### 下準備

・オーブンを150℃に温める。

### 作り方

1 アーモンドを沸騰した湯に入れて皮を取り除き、低温のオーブンに入れ乾かす。
2 フードプロセッサーに**1**とグラニュー糖を入れ、パウダー状にする。
3 卵白を固く泡立てて、**2**に加えて混ぜ合わせる。
4 くるみ大に丸め、シートを敷いた天板の上に間隔をあけて並べる。
5 上から粉糖をふり、150℃のオーブンで約30分、色づくまで焼く。

### *memo*

◆ ビターアーモンドがなければ、スイートアーモンド250gにビターアーモンド・エッセンスを加える。

PIEMONTE
Torino

【ピエモンテ州 トリノ】

トリノ風フィンガービスケット

# サヴォイアルディ
## Savoiardi

宮廷生まれのお菓子

　サヴォイアルディはピエモンテ州生まれの焼き菓子。ビスコッティ（ビスケット）の一種で英語ではフィンガービスケットという。気泡を固めたような軽くデリケートでサックリした食感が特徴だ。今ではイタリア全国で親しまれ、町のパスティッチェリーア製のほか、菓子メーカーの製品も多く出回っている。

　名前のサヴォイアルディは、イタリア最後の王家、サヴォイア一族に由来する。時代をさかのぼること700年前の14世紀半ば。サヴォイア家ではことのほかドルチェが愛され、大事にされていた。

　ある日、当時のボヘミア王カレル1世がサヴォイア家の住まいであったシャンベリー城に立ち寄ると、主の未亡人マルゲリータ妃が、宴の終わりに巨大なドルチェを用意させた。それはシャンベリー城とともに雪をかぶった山並みと、サヴォイア家の軍服を着せた兵士たちの姿をかたどった趣向を凝らしたドルチェだった。

　言葉には出さずとも、「サヴォイア家の領地も兵士も捧げ、忠誠を誓います」という意思表示。カレルは暗黙のうちにこれを了解した。そしてのちに神聖ローマ帝国の皇帝カルル4世として即位すると、サヴォイア家の王子アメーデオ6世を司教総代理という重職に任命したのである。

　単にドルチェとあなどるなかれ。時には、歴史の1ページを作る力にもなるということである。とはいえ、その時のドルチェに今回のサヴォイアルディが使われていたかどうか、

定かではない。ただドルチェ好きのサヴォイア家で、昔から好まれていたのがこのビスコッティで、そのためサヴォイアルディという名前がついたようだ。

　このシンプルなビスコッティは、卵白を泡立て、卵黄とグラニュー糖を混ぜ合わせることから始める。そこへ、粉類とレモンの皮を加え、オーブンシートに絞り出し焼き上げる。粉糖の代わりにあられ糖のような粒糖をかけることもある。

　ピエモンテ特産の発泡性ワイン、アスティ・スプマンテとつまんだり、バヴァロワやジェラート、またホイップクリームとカスタードクリームを混ぜ合わせたもの、バニラ風味のカスタードソース、それに熱いココアに添えたりもする。またスプーンで食べるドルチェの材料として、たとえばシャルロットやスフレ、そして私がよく作るティラミス（→p.86）などに活用できる。

　トリノの北東、ビエッラでは、サヴォイアルディを「カナリアのビスコッティ」と呼ぶ。もろく乾いた生地の歯応えがカナリアのさえずりを思わせるからだろうか。愛らしいネーミングである。

**材料（約20個分）**

卵白 … 2個分
卵黄 … 2個
グラニュー糖 … 60g
小麦粉（タイプ00）… 40g
片栗粉 … 20g
レモンの皮（すりおろす）… 1個分
グラニュー糖、粉糖 … 各適量

**下準備**
・小麦粉と片栗粉をふるう。
・オーブンを160℃に温める。

**作り方**

1 卵白を固く泡立てる。
2 卵黄にグラニュー糖を加えもったりするまで混ぜる。
3 1の泡をつぶさないように、2に加えて混ぜ合わせる。
4 小麦粉と片栗粉にレモンの皮を加え、3に混ぜ合わせなめらかな生地にする。
5 平たい口金をつけた絞り袋に入れ、シートを敷いた天板に間隔をあけて絞り出し、上からグラニュー糖をふり、その後粉糖をふる。
6 160℃のオーブンで20分ほど焼く。

PIEMONTE

【ピエモンテ州】

ワインの効いた
甘い卵黄クリーム

# ザバイオーネ
## Zabaione

宮廷生まれのお菓子

　イタリアで「ダ・クッキアイオ」と分類されるドルチェがある。クッキアイオはスプーンの意。つまりスプーンですくって食べるドルチェのことで、もっともポピュラーなのがザバイオーネ。甘く、ワインの風味が効いた淡い黄色のクリームである。

　ベースは卵黄とグラニュー糖。これらを温めながらアルコール強化ワインのマルサーラを少しずつ加えたものだ。熱いまま、または人肌、あるいはひんやり冷やしてと、単なるクリームだが、幅広い温度で楽しむことができる。

　今では全国いたるところで食べられているが、一説によるとそのルーツは、さかのぼること16世紀のサヴォイア家の食卓といわれている。同家はピエモンテ一帯を治めていた伯爵家で、のちの王家。科学、芸術、文学にも造詣の深かった、時のカルロ・エマヌエーレ1世は食にもいたく関心をもっていた。料理人たちは主人を喜ばせようと工夫を重ね、デリケートで滋味豊かなこのクリームを作り出したのである。もちろん主人が賛辞を贈ったのは言うまでもない。

　そのころ、スペイン生まれのフランチェスカーナ派の修道士、パスクワーレ・デ・バイロンがヨーロッパ中をめぐり、トリノにやってきた。各地の宮廷を訪ねてきた修道士はサヴォイア家のこのクリームにひかれ、いち早く自分のものにした。市内のサン・トンマーゾ教会にとどまった修道士はクリームの作り方を広め、大いに感謝されたという。

　時を経て聖人となったパスクワーレ・デ・バイロンのこのレシピは語り継がれ、その名にちなんでバイロンの聖人、つまりサン・バイロンが転じ、ザバイオーネとなった。余談

北イタリア／ピエモンテ州

だが、1722年から、それまでのサン・テオドーロに代わってこのサン・パスクワーレ・デ・バイロンが料理人やパティシエの守護聖人となり、毎年5月17日に宗教行事が催されている。

さて、サン・パスクワーレの作ったオリジナルは、1:2:2:1というレシピ。卵を割った半分の殻を計量カップ代わりに使い、卵黄1個に対して砂糖が2殻分、ワインが2殻分、そして水が1殻分で作るというものである。

当初はワインにスペイン産のマラガやポルトガルのポルトを使っていたが、19世紀のイタリア統一以降はピエモンテでもシチリアのマルサーラが身近になり、一般的になった。今ではマルサーラだけでなく、マスカット種で造るモスカートやヴィンサントなどの甘口ワインを加えたり、コワントローやグランマルニエなどのリキュールを使うこともある。また小さな子ども用には牛乳を多めに入れると近所のマンマは言っていた。

ザバイオーネはこれだけをグラスやカップに入れて食べるほか、泡立てた生クリームやビスコッティを添えて一緒に食べたりする。またクリームの濃度を調整して焼き菓子のソースにしたり、ケーキの間に挟むクリームにも使う。今やイタリアンドルチェには欠かせないクリームになっているのである。

## 材料（4人分）
卵黄 … 4個
グラニュー糖 … 大さじ4
マルサーラ（辛口）… 大さじ8
※マルサーラの他には、ポルト、マラガ、ヴィンサント、モスカートワインを使う。

## 下準備
- 卵黄を常温に戻す。

## 作り方
1 底の丸くなっている銅製の鍋か、底の厚いステンレス製の鍋に、卵黄とグラニュー糖を入れ泡立て器でよく混ぜ合わせる。白っぽくなるまで混ぜ合わせたら少しずつマルサーラを加え混ぜ続ける。
2 鍋を湯煎にかけ、鍋底が焦げつかないように木べらで混ぜながら加熱する。
3 ボリュームのある淡い黄色のクリーム状になり、持ち上げた時にもったりしてきたら湯煎からはずす。
4 そのまま、あるいはフィンガービスケットなどを添えて供する。

## memo
- 加熱し過ぎるとボソッと固まった感じになり、なめらかさがなくなるので注意。
- 仕上がりのタイミングを知る方法として、「木べらを使って混ぜ合わせていると、鍋底に当たる音がテックテックからトックトックに変化する時が目安」とイタリアではいわれています。
- クリスマス時期には、オーブンでさっと温めたパネットーネに温かいザバイオーネを添えるとおいしい組み合わせになります。
- 夏に冷やして食べる時には、コーンスターチなどでとろみをつけます。

PIEMONTE
Torino

【ピエモンテ州 トリノ】
ヘーゼルナッツ入りのチョコ

# ジャンドゥイオッティ
## Gianduiotti

創作伝統菓子

「きのう、トリノから戻ってきたの」。友人のグローリアが、おみやげのジャンドゥイオッティを持ってやってきた。今や、ジャンドゥイオッティはイタリアのチョコレート菓子を代表するひとつ。金紙に包まれ、"三角屋根"の形をしたチョコラティーノ（小さなチョコレート）である。

このチョコラティーノが生まれたのは1865年。イタリア統一の悲願のもと、数々の戦いを経て、やっとイタリア王国ができたころである。若いイタリア王国は混乱した財政を立て直すため、贅沢品の大幅な輸入制限に踏み切った。そのリストのなかにチョコレートの原料、カカオ豆も入っていたのである。

父親が創業したトリノのチョコレートメーカー「カファレル」を受け継いでいたインシドーレ・カファレルは困惑した。少量しか手に入らないカカオ豆で、なんとかこの苦境を切り抜ける方法はないものか……。

「そうだ、ランゲ地方（トリノの南）特産のノッチョーラを加えてみよう」

ノッチョーラはヘーゼルナッツのこと。いろいろと試した末に、細かく挽いてペースト状にしたノッチョーラと砂糖、バニラ、カカオ豆、カカオバターの材料で、しっとりソフトな新しいチョコレートを作り上げた。折しも、カーニバルの時期。このチョコレートの新

北イタリア／ピエモンテ州

作はトリノのジャンドゥイエッディ祭りで初お目見えとなった。

ジャンドゥイエッディとは、ピエモンテ州の仮面劇のパーソナリティ「ジャンドゥイア」に由来するお祭りで、「ジャンドゥイアの日」の意。ここでデビューしたことから親しみを表す接尾辞をつけて「ジャンドゥイオッティ」の名前がつけられた。

当時のトリノはイタリア王国統一直後の首都。木の実の香りのするなめらかな口当たりのジャンドゥイオッティは、人々のすさんだ心をなごませ、またたくまに広まった。当初は絞り袋から生地を絞り出してナイフで切り分けた「タバコの吸いかけ」の形をしていたが、ジャンドゥイオッティと正式に名前がついたのをきっかけに、ジャンドゥイアの帽子に似せて「三角屋根」の形になった。かのナポレオンがかぶっていた横幅の広い帽子に似た形である。

ジャンドゥイオッティを口に含むと、ランゲ地方の丘に繁るノッチョーラの林を思い出す。この丘陵はまた、イタリアきっての銘醸ワイン、バローロを生み出すぶどう品種ネッビオーロの産地でもある。ノッチョーラとぶどうは隣同士仲良く育っているのに、なぜかできあがったワインとジャンドゥイオッティは相性がよくない。親しすぎるゆえの反発なのだろうか。

---

### 材料（作りやすい分量）
チョコレート(刻む) … 200g
ヘーゼルナッツ … 100g

### 作り方
1 ヘーゼルナッツをフライパンに入れ、弱火で10分ほど木べらでかき回しながらローストし、冷ます。
2 フードプロセッサーなどに入れクリーム状になるまで回す（すり鉢などですってもよい）。
3 チョコレートを湯煎で溶かし、**2**を加え、泡立て器でなめらかになるまで混ぜ合わせる。
4 ジャンドゥイオッティ型（なければ好みの型）に流し入れ、冷ます。

### *memo*
◆ チョコレートは銘柄により甘さが異なるので、足りなければ砂糖を好みで加えて下さい。

PIEMONTE
Sale delle Langhe

【ピエモンテ州 ランゲ地方】

アマレッティ入りの
ココア風味のプディング

# ボネ
## Bonèt

ふだんのお菓子

　ボネはピエモンテ州の南部、ランゲ地方の代表的なドルチェ。簡単にいうと「アマレッティ（→p.10）入りココア風味のプディング」である。
　名前の由来は郷土の方言で、「ベレー帽」のこと。このドルチェを作るとき、ベレー帽に似た山高の銅製の型を使うからとも、外出するときに最後にベレー帽をかぶるように食事の締めくくりに食べるからともいわれる。人によっては"ブネ"と聞こえるように、正確にはボとブの間の微妙な発音だ。
　「うちのマルゲリータおばあちゃんは、手打ちパスタはマンマに譲ったけれど、ボネは今も得意でよく作ってくれるのよ」と、ピエモンテ州出身のルイーザは言う。練るのに力のいるパスタは若い者に任せても、ボネの秘伝はノンナ（おばあちゃん）が守っているらしい。だが、「秘密なんてないよ。とても簡単」とノンナ・マルゲリータは喜んで作り方を説明してくれた。
　まず牛乳を割りほぐした卵に入れ、さらに砕いたアマレッティやココアパウダー等の材料を加え混ぜ合わせる。一方でカラメルを作って型に入れ、そこに卵液を注ぎ、湯を張ったバットに並べてオーブンで焼く。取り出して粗熱が取れてから、逆さにして皿に盛れば出来上がり。冷蔵庫に入れて冷たくして食べてもよい。
　「ノンナの手にかかると、他のどこで食べるより格段においしい絶品のボネになるの」とルイーザは力説する。実家で飼っている鶏の、産みたての新鮮な卵で作るからだろうか。
　こちらが不安な顔をしていると、「大丈夫。誰にでもできるわよ」とノンナ。その励まし

北イタリア／ピエモンテ州

を受けて作ったのが写真のボネである。想像していたよりも手間がかからず、おいしくできた。ココアとアマレッティの風味や粒々が舌に残るしっとりした生地に、カラメルがまとわりついて大人のドルチェといった趣だ。

　おいしいワインができる所においしい料理あり。銘醸ワインの産地ランゲ地方には、レベルの高いトラットリーアやオステリーアが多いが、それらの店では少しずつ違うボネに出合える。砕いて入れるアマレッティの量や砕き方の差で生地の堅さに特徴があるもの、全卵だけでなく卵黄を加えてリッチな生地にしたもの、ラム酒の代わりにコニャック、またバニラ風味を効かせたもの、他にもローストして砕いたヘーゼルナッツを混ぜ込んだボネもある。

　形も、ひとり分ずつ作るプリン型のほか、大型に作って切り分けたり、カスタードベースのソースや泡立てた生クリームを添える店もある。

　でも、カラメルがたっぷりのシンプルなボネはそれだけでも十分。これに地元の名品、フルーティで香りのよいマスカット種のぶどうで造るモスカート・ダスティを合わせれば、見事な相性だ。

### 材料（4〜6人分）

- 牛乳（乳脂肪分の高いもの）… 500㎖
- バニラビーンズ … 1本
- グラニュー糖 … 250g
- 卵黄 … 2個
- 全卵 … 4個
- アマレッティ（→p.10）… 125g
- ココアパウダー … 25g
- ラム … 適宜

### 下準備

- プディング型を湯につけて温める。
- ビニール袋にアマレッティを入れて麺棒などで砕く。
- ココアパウダーをふるう。
- オーブンを180℃に温める。

### 作り方

1　鍋に水100㎖とグラニュー糖100gを入れ、火にかけカラメルを作る。温めておいたプディング型4〜6個に分けて入れ、型の側面にもカラメルをまわしつける。

2　鍋に牛乳とナイフで切り目を入れたバニラビーンズを入れ火にかける。

3　ボウルに卵黄と全卵、残りのグラニュー糖、アマレッティ、ココアパウダー、ラムを加え、泡立て器でよく混ぜ合わせる。

4　牛乳が沸騰したらバニラビーンズを取り除き、火からおろして冷ます。

5　冷ました牛乳を3に少しずつ加え、ゴムべらで均一になるように混ぜ合わせる。

6　プディング型に分け入れ、湯を張った天板にのせ、180℃のオーブンで30分ほど焼く。

7　湯からプディング型を取り出して冷まし、皿に型を逆さにして取り出す。

### *memo*

◆ ゆるめに泡立てた生クリームを添えるとおもてなしのドルチェにもなります。

PIEMONTE
Sale delle Langhe

【ピエモンテ州 ランゲ地方】
ヘーゼルナッツのトルタ

# トルタ・ディ・ノッチョーレ
## Torta di nocciole

ふだんのお菓子

　銘醸ワインで有名なピエモンテ州南部のランゲ地方。この土地の誇るもうひとつの産物がヘーゼルナッツ（ノッチョーラ）である。EUからI.G.P.認定*を受けた風味豊かなトンダ・ジェンティーレ・デッレ・ランゲ種。ゆるやかな丘陵地が続くこの一帯は、上から見下ろすと、くし目を入れたようにきれいな列をなすぶどう畑、ところどころに点在する森、そして行儀よく間隔をあけて植えられたヘーゼルナッツ畑がとても美しい。

　ランゲ地方のトルタ・ディ・ノッチョーレは、この特産のヘーゼルナッツを粉にして混ぜ込んだ焼き菓子で、どこの家庭でも親しまれ作られてきたドルチェである。各々がアイデアや好みを盛り込んで作るためか、丸く焼いた形状は同じでも、家庭や菓子店ごとにいろいろなタイプがある。

　トルタの上に刻んだヘーゼルナッツをのせたもの、ヘーゼルナッツの粉の食感を生かした粗いざっくりした生地のもの、ラム酒を効かせたもの、チョコレート風味の濃いもの等。そのどれもがヘーゼルナッツそのものを食べるのとは違ってふんわり軽く、しつこさを感じさせないが、それでいて木の実の味や香りはしっかりと広がる。

　中でも、これまでのどれよりもソフトで、しっとりした大好きな食感のトルタ・ディ・ノッチョーレに出合った。

　「ランゲ地方の中でも北のアルバのほうではバターと砂糖をベースに堅めの生地を作り、上に刻んだヘーゼルナッツをのせるけど、僕たち南の地域ではスポンジ生地のよう

北イタリア／ピエモンテ州

に卵に砂糖を加えて泡立て軽い生地に仕上げるので、上にヘーゼルナッツを散らすと沈んでしまう」と製作者のファブリッツィオが説明してくれた。なるほど、彼のトルタの表面はなめらかである。

　ファブリッツィオはランゲ地方の住民700人のヴェージメ村で、奥さんのニコレッタと共にバールを兼ねたパスティッチェリーアを経営する才覚のある菓子職人。父親ももともとパン店で、トルタ・ディ・ノッチョーレを作っていた。

「パパのレシピを元にしているけど、僕のトルタのほうが軽いし、よりヘーゼルナッツの風味を生かせるように工夫しているんだ」

　その作り方は、卵とグラニュー糖をよく泡立ててからヘーゼルナッツの粉と小麦粉、片栗粉、ココアパウダーを混ぜて焼くというもの。小さな村で好きなお菓子作りに情熱を傾ける意欲的なファブリッツィオのトルタ・ディ・ノッチョーレは、あくまで甘く、ふんわりソフトである。

「このトルタだけつまむのもよいけど、地元産の甘口ワイン、モスカートを卵黄に加えて泡立てたザバイオーネソースを添えたり、ヴェネト州の微発泡性の白ワイン、カルティッツェを合わせるのが"幸せの相性"なんだ」

　ファブリッツィオは、最後にそう教えてくれた。

＊I.G.P.とはすぐれた農産物を規制、保護、保証するEUの制度のひとつで、保護指定地域表示と訳されるもの。

## 材料（直径28cmの丸型）

- ヘーゼルナッツ … 200g
- 溶かしバター（無塩）… 130g
- 全卵 … 6個
- グラニュー糖 … 230g
- 小麦粉（タイプ00）… 50g
- 片栗粉 … 50g
- ココアパウダー … 40g
- バニラ風味のベーキングパウダー … 1袋(16g)

## 下準備

- オーブンを180℃に温める。

## 作り方

1　ヘーゼルナッツをフライパンに入れ、中火で絶えず動かしながらローストする。または180℃のオーブンに入れ時々揺すって15分。完全に冷ます。
2　1をフードプロセッサーで、粉状にする。
3　ボウルに卵とグラニュー糖を入れてよく混ぜ合わせ、クリーム状にする。
4　溶かしバターをたらしながら加えて混ぜ、2を入れて更に混ぜる。
5　ふるった小麦粉、片栗粉、ココアパウダー、ベーキングパウダーを加え、下から上へ、泡をつぶさないようによく混ぜる。
6　バターと小麦粉（ともに分量外）をふった型に流し入れる。
7　180℃に温めたオーブンで40分焼く。

### memo

◆ 仕上げに、ホールのヘーゼルナッツを飾ったり、あんずジャムを塗り、粗く刻んだヘーゼルナッツをかけると、異なる食感が楽しめます。

PIEMONTE

【ピエモンテ州】

生クリームのプディング

# パンナコッタ
## Panna cotta

ふだんのお菓子

　一時期、日本でもブームを呼び、おなじみになったパンナコッタは、イタリア人も大好きなドルチェである。今は全国で親しまれているが、もとはピエモンテ州ランゲ地方の生まれ。1900年代初めに、ハンガリー出身のバレリーナが愛する人を喜ばせようと工夫して作ったのが始まりといわれる。

　このドルチェは名前のとおり、パンナ（生クリーム）をコッタ（煮た）したもの。温めた生クリームにゼラチンを溶かし、カラメルソースを入れた型に流して固めたものである。

　生クリームは搾りたての牛乳の上に"花が咲いたように"浮き上がってできるからか、この一帯では「牛乳の花」とも呼ばれている。そんな大切な"花"の部分だけを固めたシンプルなドルチェ。こってり濃厚なパンナにカラメルソースの焦げた苦みがあいまって、こたえられないおいしさである。

　ところが、近ごろは食事をかる〜くというライト志向から、パンナコッタも「こってり」から「あっさり」味へと変わり始めている。パンナだけでなく牛乳を加えるようになり、その比率も高くなる一方。またカラメルソースより酸味のあるフルーツソースを合わせることが多くなり、ラベンダーやアールグレイ等の紅茶風味をつけたパンナコッタも出てきた。さらにゼラチンの量も少なくなり、フルフルとゆるめのパンナコッタが主流である。

　ミラノのトレンディなナヴィリオ（水路地区）にあるトラットリーアでは、スパイシーな風味をつけた赤ワイン煮の洋梨を添えてパンナコッタがサービスされる。真っ白なパン

北イタリア／ピエモンテ州

ナコッタは、あくまでもゆるく、頼りないくらいフルフルした食感だ。

と、こんなパンナコッタ問答を電話で話していると、受話器の向こうから「僕はラッテ・イン・ピエーディが気に入っているんです。ネーミングもかわいいし、本当においしいんですよ」とイタリアンレストラン「ヴォーロ・コズィ」のシェフ、西口大輔さん。

ラッテ・イン・ピエーディとは「立っている牛乳」の意で、牛乳と生クリームを半々にして作る。生クリームはそのままのものと泡立てたものを半分ずつ使い、これらを牛乳に合わせて冷やし固めたものである。ほかに牛乳だけで作るラッテ・イン・ピエーディも郷土料理としてエミリア=ロマーニャ州ピアチェンツァ市のホームページに載っている。なるほど、他の文献を当たっているとラッテ・イン・ピエーディをはじめ、ラッテ・アッラ・ポルトゲーゼ、ラッタイオーロ、そしてロンバルディア州でもボネ・イン・ラッティメルという似たようなものを見つけた。

牛を飼うのが盛んな北部一帯に、まだ浮上していない乳製品のおいしいドルチェがたくさん隠されているのかもしれない。

---

### 材料（5〜6人分）

生クリーム … 500mℓ
グラニュー糖 … 180g
バニラビーンズ … ½本分
板ゼラチン … 4g
桃のリキュール（またはラム）… 適量

### 下準備

- 板ゼラチンは水につけて戻す。
- プディング型を湯につけて温める。

### 作り方

1 鍋に水大さじ2とグラニュー糖100gを入れ、火にかけカラメルを作る。温めたプディング型に分け入れ、型の側面にもカラメルをまわしつけて冷ましておく。
2 鍋に生クリーム、グラニュー糖80g、バニラビーンズを入れ、混ぜながら沸かす。
3 軽く煮たら火からおろし、戻した板ゼラチンを加え溶かす。
4 再び火にかけ少し煮てから漉して、氷水をあてながらとろみが出るまで冷ましたら、リキュールを加え混ぜ合わせる。
5 プディング型に分け入れ、ラップをかけて冷蔵庫で半日固める。
6 5を湯に数秒つけ、皿の上に逆さにして取り出す。

### *memo*

◆ 生クリームは新鮮な乳脂肪分の高いものを使ってください。
◆ 生クリームは沸騰させずに煮ると舌触りがなめらかに仕上がります。
　表面に出る泡が気になる場合は、バーナーなどを使うと簡単に消えます。
◆ カラメルソースの他、ラズベリーやキウイなどのフルーツをグラニュー糖と煮て、
　好みでレモン汁を加えたソースと合わせると爽やかな組み合わせになります。

PIEMONTE
Tortona

【ピエモンテ州トルトーナ】
"貴婦人のキス"

# バーチ・ディ・ダーマ
## Baci di dama

ふだんのお菓子

　小さな半球形に焼いたクッキーを2つ、チョコレートを間に挟んで張り合わせたものがバーチ・ディ・ダーマ。今ではどのパスティッチェリーアに行っても簡単に買うことができるが、元はピエモンテ州東端の静かな町、トルトーナ生まれと言われている。このお菓子、形もコロッとしてかわいらしいが、「貴婦人のキス」という意味の名前もしゃれている。

「バーチ=キス」と名のつく菓子は、実は同じピエモンテ州のクネオやアルバなど各地にある。『Grande enciclopedia illustrata della gastronomia（ガストロノミー大百科事典）』によると、「バーチとは、チュッとキスするときのように、小さくすぼめた口でも食べられる小ぶりの菓子の名」とある。

　このトルトーナのバーチは、文献によると1890年生まれ。ザノッティ兄弟が考案し登録したとある。ところが、その後、兄弟ふたりが別々の菓子店で作っていたことから、ことが複雑になり、双方の菓子店が、どちらが本家か、と論争になる。しばらくして、一方の菓子店が生地にココアを入れ、半球ではなくオーヴァル形に焼き、異なるバーチを創り出しバーチ・ドラータと名付け登録、めでたく幕を閉じた。時を経て、1930年代に登録期限が切れ、どこの菓子店でもバーチ・ディ・ダーマを名乗れるようになり、工場

北イタリア／ピエモンテ州

生産も増え、全国で親しまれるようになった。

　バーチを口に入れると、甘い生地がサクッともろく崩れ、中に挟んであるチョコレートが歯に当たると同時に、一瞬にしてスーッと溶ける。サックリした生地は、同量のアーモンドパウダーと小麦粉に、グラニュー糖、バターを混ぜ合わせて作るから。卵が入らないので粘りが出ず、もろい食感が生まれる。

　暑い時期は冷蔵庫に入れておくと間のチョコレートが溶け出さず、またひんやりした食感になりその味わいも格別である。

　時に、間にあんずジャムを塗ることもあるそうだが、正式はあくまでチョコレート。また人によっては、生地にラム酒を入れて少々大人の味に仕上げることもある。またピエモンテ州南部のランゲ地方に行けば、アーモンドパウダーの代わりに特産のヘーゼルナッツの粉を使ったバーチ・ディ・ダーマに出合える。

　昨今ではスーパーの棚にも製菓メーカーの品が並べられるようになり、バーチ・ディ・ダーマのポピュラー度は確実に上がっている。でも、パスティッチェリーアのバーチのほうが、サックリ感もチョコレートの豊かな風味もずっとずっと上質である。

## 材料(作りやすい分量)

アーモンド(皮をむいたもの) … 150g
グラニュー糖 … 110g
小麦粉(タイプ00) … 150g
バター(無塩) … 150g
オレンジの皮(すりおろす) … 1個分
塩、バニラエッセンス … 各少量
チョコレート(カカオ分60〜70%) … 150g

### 下準備
・オーブンを160℃に温める。

## 作り方

1　アーモンドとグラニュー糖をフードプロセッサーにかけ、パウダー状にする。

2　ボウルに粉と、小さく切って室温にしたバターを入れ、手早くもむようにして混ぜ合わせる。

3　1、オレンジの皮、塩、バニラエッセンスを加えて混ぜ、なめらかな生地にし、ラップで包み、冷蔵庫で2時間馴染ませる。

4　3を細い棒状にして切り分け、6〜8gの小さな球に形作り、オーブンシートを敷いた天板の上に、間隔を開けて並べ、30分冷蔵庫で休ませる。

5　160℃のオーブンで20分ほど、ほんのり焼き色がつくまで焼き、冷ます。

6　湯煎にかけて溶かしたチョコレートを冷ましてから絞り袋に入れ、半球に焼き上がった生地の底に絞り出し、上に半球の底をつけて、2つ1組にして冷ます。

### *memo*
◆ アーモンドの代わりにヘーゼルナッツでも、アーモンドとヘーゼルナッツを半量ずつ入れても、おいしくできます。

- VENETO
- LOMBARDIA
- PIEMONTE

【ピエモンテ州、ロンバルディア州、ヴェネト州】

もろくデリケートな
食感を楽しむメレンゲ

# メリンゲ
## Meringhe

ふだんのお菓子

　日本では、イタリアンメレンゲというと、フランス菓子の作り方にのっとり、卵白に砂糖のシロップを加えて作る。ところが当のイタリアに来たら、シロップではなく普通に砂糖（粉糖）を入れていた。そして、こちらでは「メレンゲ」ではなく「メリンガ」、焼き上げたお菓子は複数形で「メリンゲ」と呼ぶ。スイスのメリンゲンという村からやって来た菓子職人によって伝えられたからといわれている。

　作り方はごくシンプルだ。ハンドミキサーと時間がありさえすればとても簡単。卵白に数回に分けて粉糖を加えて泡立て、最後にバニラエッセンスを加える。これを、好みの形に作り、80℃のオーブンで約1時間かけて焼く、というより乾燥させる。ある本では「少し温めながら行うと泡立てやすい」とアドバイス。また別のレシピには「最後にレモン汁を数滴たらすとより白くなり、卵のにおいも気にならない」とある。最近の料理本には、私達に馴染みのある卵白にシロップを加えて泡立てる"イタリアンメレンゲ"も、紹介されることが多くなった。

　もともとイタリアでは非常にポピュラーで各地で親しまれているお菓子だが、形や大きさに土地ごとの特徴があるようだ。ヴェネトでは「スプミーリア」と呼び、かなり大きく焼いたメレンゲの中に生クリームを詰めたりする。ミラノでは菓子店といわずパン店にも並んでいて、大きいものから小さいサイズまでいろいろ。ピンクや黄色に色づけされたもの、フルーツのフレイバーをつけたものもある。

余談ながら、スペインの人気サッカーチーム、レアル・マドリードの選手たちはスペイン語で「メレンゲス」と呼ばれる。ユニフォームの色がメレンゲのように白いところからついた愛称だそうだ。どこの国でも伝統的にメリンゲは白である。

　話を戻すと、自家製パネットーネで有名なミラノのコーヴァのメリンゲは大きな丸い形で、「泡」に由来する「スプモーネ」の名をつけている。別の店は小さなドーム2個を貼り付けたカップルスタイル。「泡立てた生クリームを間に挟んで食べるのが正式」とのことで、秋風が立つと一段と売れ行きが上がると話していた。

　同じカップルでも、ピエモンテ州アスティに行けば、特産のヘーゼルナッツを細かくして生地に混ぜて焼き、砕いたトッローネ(→p.52)をミックスした生クリームを挟んでサービスする。同じピエモンテのボルゴマネーロにある「ピノッキオ」(リゾットで定評のあるリストランテ)では、食後のパスティッチーニ(プティフール)の盛り合わせに小さなクネル形のメリンゲを入れることもある。

　「絞り袋で絞れば、簡単にきれいな形に仕上がる。でも、スプーンで形を作ったほうが手間はかかるけど、もろく柔らかいデリケートな食感が出せるんだよ」とシェフのピエロ・ベルティノッティさん。

　この口溶けのよいメリンゲと、ふんわり泡立てた生クリーム、それに香りのよい甘いいちごを合わせると最高！とニッコリ笑った。

---

**材料(作りやすい分量)**

粉糖 … 75g
卵白 … 2個分
バニラエッセンス、レモン汁 … 各少量

**下準備**
- オーブンを110℃に温める。
- 卵白は常温に戻す。

**作り方**

1　ボウルに卵白とバニラエッセンス、レモン汁を入れてハンドミキサーで泡立て、少しずつ粉糖を加える。
2　ボウルを逆さにしても落ちてこないくらい固く泡立ったら、ハンドミキサーをはずし、絞り袋に入れてオーブンシートを敷いた天板に好みの形に絞り出す。
3　110℃のオーブンに入れ、50分ほど様子を見ながら焼く。

*memo*

◆ 卵黄が少しでも混ざると、泡立ちも悪くなりきれいなメリンゲができないので、注意して卵白を分けてください。
◆ 食用色素を入れてカラフルにしても。また、コーヒーやココア、いちごのジュースなどで、お好みの色づけや風味づけを楽しんでください。

- VALLE D'AOSTA
- PIEMONTE

【ピエモンテ州、ヴァッレ・ダオスタ州】

イタリアンスタイルのモンブラン

# モンテビアンコ
## Montebianco

ふだんのお菓子

　ピエモンテ州ビエッラに住むクラウディオは、ドルチェの話になると決まって「モンテビアンコは最高」という。モンテは山、ビアンコは白。つまり「白い山」という名のドルチェである。フランス語ではモンブラン。そう、日本でもよく食べたあのお菓子だ。

　カッコいいクラウディオがセレクトするレストランはいつもおしゃれでおいしく、以前からその趣味のよさに一目置いていた。その彼が太鼓判を押すモンテビアンコとは……。期待は高まる一方だった。でも、「これは栗の季節じゃないと食べられない。秋に訪ねてきてほしい」。

　そして秋が来て、やっと奥さんのアンナが作るモンテビアンコへたどり着いた。彼の住まいは丘の上に建つ中世の城。天井が高くて広い台所の中央にある大きなテーブルに、これまた大きなモンテビアンコがドーンとそびえていた。白い山には大粒のマロングラッセ、そしてスミレの花の砂糖漬けが飾られ、美しい。もう目はモンテビアンコにくぎづけ。さっそく皿に取り分けてもらった。

　ソフトだが、こっくりとした栗本来の味がするマロンクリームと、生クリームとの見事な組み合わせ。単純といえば単純だが、迫力がある。「後でおなかにずっしりくるよ」というクラウディオの忠告に耳も貸さず、あまりのおいしさにおかわりしてしまった。モンテビアンコとモンブラン。同じ白い山でもまったく別のドルチェのように、形も味も違う。

　すかさずアンナにレシピを聞くと、「簡単だけどとても時間がかかるのよ」と前置きして

北イタリア／ピエモンテ州、ヴァッレ・ダオスタ州

　説明してくれた。まず栗をゆで、皮をむいて牛乳等と柔らかくなるまで煮て、ココアパウダーを混ぜ、マロンクリームを作る。これをポテトマッシャーで押し出して盛り皿の上に山にし、ホイップした生クリームをたっぷりかけて出来上がり。マロンクリームにラム酒を加えてもよいという。

　ミラノへ戻り、アンナのレシピで作ったのが写真のモンテビアンコである。しみじみ、アンナの前置きがおおげさではないことを納得した。栗の皮むきの大変さはやってみないとわからない。でも、出来上がりを味わうとそんなつらさもふっ飛んでしまう。

　このモンテビアンコはピエモンテから隣州のヴァッレ・ダオスタにかけての、典型的なホームメイドドルチェ。実際、高さ4,808mのモンテビアンコがフランスとヴァッレ・ダオスタ州の国境にそびえている。クーネオにある上質なマロングラッセメーカー「アグリモンターナ」の創業者、チェーザレ・バルディーニ氏は「モンテビアンコはピエモンテを本拠地としていたイタリア最後の王国、菓子好きのサヴォイア家がルーツ。王家ではフランス語が使われていたから、モンブランと呼ばれた」と、収集した資料から答えてくれた。ところが、調べ始めるとモンテビアンコのルーツは諸説紛々。フランスから遠来し、イタリア北部に定着したという説、イタリア中部アペニン山脈の栗の産地で作られたという説。後者にはネーミングされた日まで記されている。いずれにルーツがあるにせよ、おいしい栗の季節に、楽しみたいドルチェである。

---

材料（作りやすい分量）
〈マロンクリーム〉
栗 … 1kg
牛乳 … 1ℓ
バニラビーンズ … 1本
グラニュー糖 … 250g
ココアパウダー … 大さじ2
ラム … 適宜
塩 … ひとつまみ
〈飾り用〉
生クリーム … 600g
粉糖、マロングラッセ、
　すみれの花の砂糖漬け、マジパン
　　… 各適宜

作り方
1　マロンクリームを作る。栗の皮の繊維に直角に、横一文字にナイフで切り目を入れ、塩を加えたたっぷりの湯で20～30分くらいゆでる。
2　水気をきって粗熱を取り、皮と渋皮をむく。
3　鍋に1の栗、牛乳、バニラビーンズを入れ、中火にかける。
4　数回に分けてグラニュー糖を入れ、栗が柔らかくなるまで煮て、つぶして裏濾しする。
5　ココアパウダー、好みでラムを加えよく混ぜる。
6　飾り用のホイップクリームを作る。生クリームに粉糖を加え、ピンと角が立つまで泡立てる。
7　4をポテトマッシャーに入れ、盛り皿に小高く押し出す。マッシャーがなければ、大きめの丸い口金の絞り袋で絞り出してもよい。
8　その上に6を絞り出し、マロングラッセやすみれの花の砂糖漬け、マジパンを飾る。

PIEMONTE
Torino

【ピエモンテ州トリノ】

指でつまんで細長くのばすのが
オリジナル

# グリッシーニ
## Grissini

スナックにも食事にもオールマイティーなパン

　むかしむかし、胃腸の弱い幼い王子のために苦心してお腹にやさしいパンを作ったのが始まりといわれているのが、細長いスティック状のパン、グリッシーニである。その説によると、1679年にパン職人アントニオ・ブルネーロがサヴォイア家のまだ小さかったヴィットリオ・アメーデオ2世公爵のために、同家の医師の指示によって特別に消化のよいパンを作ったという。このロマンティックな由来を信じたいところだが、事実は、もっと以前からピエモンテ州のトリノ周辺で作られていたパン"ゲルサ"からのようだ。

　今イタリアでは、パンは一般的に量り売りされているが、昔はコインの価値に相当する大きさにパンが焼かれていた。さかのぼること1300年代後半のインフレに伴い、だんだんとパンの形が小さくなり、軽くなり……それが、グリッシーニに。

　実際、1934年に出版されたフランチェスコ・コニャッソ著『Storia di Torino（トリノの歴史）』によると、1643年にトスカーナ公国からパリに向かう大使が、トリノの北にあるキヴァッソで出合った"腕の長さほどある風変わりな細く長いパン"のことを書いている。

　ともあれ、トリノは"グリッシーニの都"と称され朝からカフェラッテと一緒に、昼はスープの中に入れ、小腹がすいた時にもスナックとして気軽につままれ、また砕いて牛乳と卵と砂糖を合わせてフリットにして、ドルチェとしても時を選ばず食べられてきた。この軽いグリッシーニを愛したのはトリノの人々だけではない。ナポレオンもパリの宮廷まで「プティ・バトン（細いスティック）」を、トリノからわざわざ取り寄せていた。

北イタリア／ピエモンテ州

　現在ではスナックか食事用のパンとして食べるのがほとんど。レストランのパン籠には、いつも切り分けたパンと一緒にグリッシーニがあり、夕方のアペリティーヴォ（食前酒）時ともなるとバールのカウンターに生ハムを巻いたグリッシーニがサービスされる。こんな光景は全国に広がり、工場生産のものも多く出回っているが、職人の焼くグリッシーニは一段と香ばしくおいしい。ミラノにあるグリッシーニ店「エーデルワイス」ではたくさんの種類を作っているが、両手で細長く引きのばした"トリノタイプ"が一番人気である。

　朝の5時半に訪ねると、オーナーのアントニオ・アルカーリさんが若い職人たちと一緒に、ちょうど手のべをしているところだった。

　頼りないくらいに柔らかく発酵した生地を細く切り分け、その両端を指先でつまんで回転させながら引きのばし、長さ80cmの細長い棒状にし、波形の天板にまっすぐに並べる。これを200〜210℃のオーブンで15分〜25分焼く。ここでは薄、中、濃と3タイプの焼き色を作り、冷めてから半分に折り、袋詰めして店頭に並べている。

　この他、機械で成形したオリーブ、ごま、くるみ、ペペロンチーノ（唐辛子）、パプリカ、玉ねぎ、全粒粉入りも人気がある。「焼きたてより1時間くらいおいて、味が馴染んだころがおいしいよ」とアルカーリさん。

　最近は健康志向から、塩なしや油脂分を入れないグリッシーニの売れ行きもよいとか。でもストゥルット（精製ラード）の入った手のべグリッシーニのサクサクした香ばしさは、誰をも虜にする。実は私もこれを書きながら食べ続けている次第。誰かに止めてもらいたい、と願っているところだ。

VALLE D'AOSTA
Aosta

【ヴァッレ・ダオスタ州アオスタ】

発祥は瓦形に焼いていた
薄焼きクッキー

# テーゴレ
## Tegole

創作伝統菓子

　見た目は単なる素朴な焼き菓子。でも、いったんつまみ始めると、その軽くサクサクした歯触りとふくよかなナッツの風味についつい引き込まれてしまう……。

　この極薄のクッキー「テーゴレ」は、イタリア北西端ヴァッレ・ダオスタ州の州都、アオスタの銘菓である。元祖は、1930年代から作り続けている「カフェ・ボック」と聞いて、よく晴れた初冬にアオスタを訪ねた。

　ミラノからトリノに向かう高速道路の途中から北上すると、左右に雪に覆われた美しい山並みが見えてくる。ヴァッレ・ダオスタはスイスとフランスに国境を接する州で、アオスタの町はキーンと冷えた山の空気、"シバレる"感じの寒さに包まれていた。目指すボックは、町の中心広場に面した角にある。濃い茶色の木調の内装が歴史を感じさせる。「この店は、1904年に祖父アウグストが開店。テーゴレは、父エドモンドがフランスのテュイルをヒントに作り始めました」と現オーナーのアウグスト・ボック氏が説明してくれた。話もそこそこに、甘い香りの充満する工房へ。そこでは数時間前に焼いたテーゴレを、一枚一枚ていねいにオーブンシートからはがしているところだった。

「以前はバターを塗った天板で焼いていたのですが、後味が気になるのでシートに直接生地をのばして焼くようになりました」

　とても簡単というレシピは、ナッツ類のパウダーにメレンゲ等を混ぜ合わせ、丸い薄形にしてオーブンで焼くというもの。

北イタリア／ヴァッレ・ダオスタ州

「シンプルなだけに良質な素材を使うことが大切。ヘーゼルナッツはピエモンテ特産の、風味のよいトンダ・ジェンティーレ・デッレ・ランゲ種を使っているんです」

ヘーゼルナッツはアーモンドの2倍の分量、小麦粉はつなぎでナッツ類の3分の1の割合で混ぜているそう。

テーゴレとは屋根の「瓦」の意味で、昔は焼きたてを太い麺棒にのせ、カーブをつけて冷ましていた。が、これでは膨大な時間がかかるため、今は円盤状の焼きっぱなしにしている。

州観光局でもらった地図を手にこぢんまりとした町を歩くと、どこのパスティッチェリーアにも食料品店にもテーゴレが並んでいる。もちろん、目につくテーゴレはすべておみやげに買いこみ、家で食べ比べた。結果、姿はふぞろいだが、歯触りといい、すっきりと洗練された味わいといい、ボックのテーゴレが一番だった。

近頃は、ミラノの店先でもこのテーゴレが目につくようになり、ナッツ風味の薄焼きクッキーは、徐々に広まってきている。

今度は、誠実に話をしてくれたアウグスト氏の言っていたワイン——ヴァッレ・ダオスタの在来品種シャンバーヴ・ムスカットで造るパッシート（陰干ししたぶどうで造る甘口ワインのタイプ）か、州観光局がアドバイスする、テーゴレと相性のよいデリケートな甘さの地元のワイン、ニュス・マルヴォアジエ・フレトゥリを合わせてみよう。

---

**材料（作りやすい分量）**
アーモンドパウダー … 50g
ヘーゼルナッツパウダー … 100g
小麦粉（タイプ00）… 50g
卵白 … 2½個分
グラニュー糖 … 100g
バニラエッセンス … 少量

**下準備**
- 小麦粉をふるう。
- オーブンを160℃に温める。
- 型紙を作る。厚紙を用意し、直径5～6cmの丸い穴をあける。

**作り方**
1 ボウルに卵白とグラニュー糖を入れて、泡立て器で角がたつまで泡立てる。
2 アーモンドパウダー、ヘーゼルナッツパウダー、小麦粉、バニラエッセンスを加え混ぜ合わせる。
3 型紙をオーブンシートにのせ、上から生地を薄く塗りのばして型紙をはずす。これを繰り返す。
4 160℃のオーブンで12～13分ほど焼く。

*memo*
◆ 厚手の型紙を使うと、均一の厚さにのばせ、焼き上がりがきれいな円形になります。
◆ 厚紙を使わず、スプーンの背で丸くのばして成形することもできます。生地が厚いとカリッと焼き上がらないので、なるべく薄くのばしてください。逆に薄すぎると焦げやすくなるので注意。

【リグーリア州、トスカーナ州】

栗の粉のトルタ

# カスタニャッチョ
## Castagnaccio

ふだんのお菓子

　夏の日差しがやわらぎ、強風をともなう雨が何回か降ると、イタリアはもう秋の訪れ。青果店の店頭にポルチーニ茸や木の実などの山の幸が並び、栗がおいしくなる季節である。

　カスタニャッチョは、この栗の粉を水で溶き、2〜3cmの厚さに丸く焼いた焦げ茶一色の素朴な菓子だ。栗の粉にはグルテンが含まれていないので、アレルギーを持つ子どもでも安心して食べられるドルチェである。地域によりカスティーニャとも、ミリアッチョともバルダーノとも、呼ばれている。卵もベーキングパウダーも入れないため、出来上がりはムチッとして、栗蒸し羊羹にも似た食感がなんだか懐かしい。バターをベースにする一般のケーキと違い、オリーブ油を入れるのも特徴で、こっくりとした味わいは、松の実とレーズンを散らすことによってさらにリッチになる。

　栗は、イタリア半島を南北に走るアペニン山脈が産地。この山並みに沿ったリグーリアからトスカーナにかけての地域で、カスタニャッチョの伝統は受け継がれてきた。リグーリア州ではフェンネルシード、トスカーナ州ではローズマリーと、香りづけのスパイスに地方性を出しながら……。今回、写真で紹介したのはフェンネルシードを散らしたリグーリア風である。

　またエミリア＝ロマーニャ州では、同じ生地を揚げてカスタニャッチョ・フリットにしたり、栗の粉を水か牛乳で溶いてクレープ状に焼き、できたてのリコッタを巻いて食べる。

北イタリア／リグーリア州、トスカーナ州

このクレープは円盤状をした2枚の鉄板で挟んで焼いたもので、「ネッチ」と呼ばれる。

昔は、カスタニャッチョが子どものおやつとして人気だったという。焼きたてはもちろん、冷めても十分おいしいので、かばんに入れて学校に持って行くことも多く、教科書にはいつもカスタニャッチョの匂いがしみついていたとか。

大人たちも家で、バールで、この菓子を楽しみ、そんなときは軽い微発泡の白ワインを飲むのが決まりだったという。だが、そうした光景も今ではめっきり少なくなった。物珍しいスナック菓子に目が向くようになったからだ。

無骨な焼き菓子、カスタニャッチョは、おしゃれなパスティッチェリーアではなくパン店の甘味として売られていることが多い。でも、おいしいカスタニャッチョを味わうには自分で作るに限る。

ポイントはやはり栗の粉。新鮮で、甘みのある粉を選ぶことだ。以前、ミラノでレストラン「アイモ・エ・ナディア」を経営するアイモ・モローニ氏から「これを試してごらん」と栗の粉を渡された。彼は、トスカーナ州ルッカ出身で、栗には一家言ある人だ。

なめてみると、とても甘い。これでなくては、とびきりおいしいカスタニャッチョはできないのだ。

## 材料（作りやすい分量）

栗粉 … 500g
オリーブ油 … 50g
レーズン … 100g
松の実 … 50g
フェンネルシード … 適量
塩 … ひとつまみ

### 下準備

- レーズンをぬるま湯につけ、柔らかくなったら水気をきる。
- 栗粉をふるう。
- 高さ4cmの丸型の内側にオリーブ油（分量外）を塗る。
- オーブンを180℃に温める。

## 作り方

1 ボウルに栗粉、オリーブ油、塩を入れ、水250～300mlを様子を見ながら加え、泡立て器で混ぜ合わせ、ゆるめのなめらかな生地にする。
2 型に2cmの高さに流し込み、レーズン、松の実、フェンネルシードを上に散らし、オリーブ油（分量外）をさっとまわしかける。
3 180℃のオーブンで30～45分焼き、冷まして切り分ける。

### *memo*

- ◆ トスカーナ風のカスタニャッチョは、焼く時にフェンネルシードの代わりにローズマリーの葉をのせます。また生地の中にレーズンと松の実を加え、さらに上から散らす方法もあります。
- ◆ 栗粉はなめてみて甘みが足りないようなら生地にきび砂糖を加えてください。
- ◆ 水の代わりに牛乳を加えると、マイルドな味になります。
- ◆ できたてより、少し冷めた方が味わいが深まります。

LIGURIA
Genova

【リグーリア州ジェノヴァ】

マーガレット形クッキー

# カネストレッリ
## Canestrelli

ふだんのお菓子

　カネストレッリは、真ん中に穴のあいたマーガレットの花のようなクッキー。リグーリア州ジェノヴァの焼き菓子で、当地の菓子店、パン店には必ずそろえてある。ホロッともろく崩れる生地とバターの風味が特徴のドルチェである。
「カネストレッリの生地の配合は小麦粉3、バター2、砂糖1。これにバター100gに対して2～3個の卵黄と、重曹を加えて混ぜ合わせます」
　こう説明してくれたのは、フランチェスコ・パナレッロ氏。1885年に祖父が創業したジェノヴァのパスティッチェリーア「パナレッロ」の3代目である。現在はジェノヴァとミラノに店をもち、素朴な焼き菓子と自然発酵の生地で作るドルチェを得意とする。
――カネストレッリを作るのに、わざわざ卵白を取り除いて卵黄だけにし、膨張剤の重曹を入れるのはなぜ？
「メレンゲを食べたことがあるでしょう？　フワッと泡立っているけれど、ネチッとした粘り気がある。カネストレッリの生地に粘り気は禁物。もろいのが身上なんです」
　この生地を厚めにのばして型抜きし、オーブンで焼き、粉糖をかければ出来上がりである。
　実は、カネストレッリの生地は「パスタ・フロッラ」と呼ばれる、イタリアの焼き菓子のベースとなる重要な生地である。日本では「練りパイ」と呼ばれているが、イタリアでは「焼き菓子の母」とでもいうような存在で、この生地から様々な形のクッキーや典型的な

北イタリア／リグーリア州

ホームメイド菓子クロスタータ（ジャムやクリームを詰めた円形のパイ→p.90）が生まれる。イタリアには「パスタ・フロッラの手をしている」という言い回しがあり、手でしっかりつかめず、物をすべり落とした時のことをいう。「もろく、やわな手」というわけである。
「カネストレッリの元の言葉はカネストロ（籠）。そういえば、昔、深皿のようにくぼみを作って焼いていたのを見たことがあります。でも、それがどうして現在のような穴あきの形になったのか……」とフランチェスコ氏。以前、ジェノヴァのドルチェのルーツを文献であたったが、その由来を見つけることはできなかったという。初めは籠形に焼いていたものを、簡便にするために単純にのばして焼くようになり、それを「小さな籠」という意味のカネストレッリと呼ぶようになったのだろうか。

最近では大小様々な工場製カネストレッリが全国のスーパーの棚に並ぶようになった。甘い朝食好きのイタリア人にはぴったりの活力源。また、おやつとしてエスプレッソや紅茶のお供に、食後のドルチェにと楽しまれている。でもフランチェスコ氏は、パスタ・フロッラの生地には赤ワインが合うと思うと言う。
「残念ながらリグーリアにはたいしたワインがないのですが、お隣ピエモンテのバルベーラのように、ボディのある赤ワインと合わせるのが好きですね」

### 材料（作りやすい分量）
小麦粉（タイプ00）… 150g
グラニュー糖 … 50g
バター（無塩）… 100g
卵黄 … 3個
レモンの皮（すりおろす）… 1/2個分
重曹 … 2g
バニラ風味の粉糖 … 大さじ2

### 下準備
- 小麦粉をふるう。
- バターを細かく切り、常温に戻す。
- オーブンを170℃に温める。

### 作り方
1 小麦粉、グラニュー糖、レモンの皮、重曹を混ぜ合わせて山にする。
2 山にくぼみを作り、細かく切ったバター、卵黄を入れ、指先で手早く混ぜ合わせてまとめ、ラップで包んで、冷蔵庫で30分休ませる。
3 生地を取り出し、麺棒で1cmの厚さにのばし、マーガレット形（直径5cm、中心の穴の直径1.5cm）に抜く。
4 シートを敷いた天板に並べ、170℃のオーブンで15〜20分ほど焼く。
5 冷めてから、粉糖をふる。

### *memo*
◆ サクサクした食感を出すために、材料を混ぜる際は練らずに、手早くまとめるようにしてください。

LIGURIA
Genova

【リグーリア州ジェノヴァ】

オリーブ油をたっぷり生地に
練り込むのが正統派

# フォカッチャ
## Focaccia

ふだんのパン

　バールでカプチーノと甘いブリオッシュ——これがイタリアの典型的な朝食風景だが、ジェノヴァの朝は、フォカッチャと白ワインで始まる。焼きたての熱々フォカッチャは、塩味が効いてふんわりサックリ。風味がよくて冷やした白ワインと相性がよい。柔らかい食感は普通のパン生地より水の量が多いから。一方でサックリしているのはオリーブ油をたっぷり練り込むためだ。

　ジェノヴァで代々続く老舗パン店「パニフィーチョ・ヤモーニ」の主人フランコさんは、「生地の配合は粉10kgに対し水が5.5ℓ、生イースト350g、塩200g、麦芽糖100g、E.V.オリーブ油は800g。材料をミキシングして発酵時間を十分にかけるのが秘訣だよ」と言う。

　最低でも6時間と時間をかけて発酵させるから、油が多く入っても油っぽくならず、風味がよく、2日たっても十分においしい。店では、プレーンのフォカッチャの他に玉ねぎやオリーブの実をのせたもの、フランコのお気に入りのグラニュー糖をかけた甘いフォカッチャも作っている。

　方言で「フガッツァ」と呼ばれるフォカッチャの発祥地ジェノヴァから離れると、同じフォカッチャでも少々異なり、ピエモンテ州ノーヴィ・リーグレではオリーブ油のほかにストゥルット（精製ラード）を入れ、南のプーリア州では、生地にゆでたじゃがいもを加える。ミラノのフォカッチャは、表面に油を塗って焼くが、生地に油は入れない。と、全国各地のフォカッチャはまことに多様である。

北イタリア／リグーリア州

【リグーリア州】
特選のオリーブ油をたっぷり使った
パリパリのクラッカー風パン

# チャッペ
## Ciappe

ふだんのパン

　リグーリア州に、薄い楕円形のクラッカーのようなパン、チャッペがある。方言で「薄い平べったい石」という意味で、屋根を葺くアルデーシア石のように、ごく薄くのばしたところからきている。

　たっぷり入ったオリーブ油の風味とサクサクした食感が後を引くおいしさ。スナック菓子と思っていたら、当地ではパンの代わりに食べるものだった。

　おいしさの秘密は、小麦粉と、それに対し10〜15％の量の地元自慢のオリーブ油を入れること、それに水、塩、イーストが材料である。これらを全部混ぜ合わせて練り、堅めの生地にし、30分休ませ、麺棒で幅6cm×長さ20cmの楕円に薄くのばして、突起の付いたローラーで表面に穴をあけ、15分ほどおく。これを200℃のオーブンで25分間焼いて熱々のところに塩をふる。

　チャッペを作っているアンドレア・ロッソさんは「クリーミーなフレッシュチーズや生ハム、サラミとの相性もよいし、暑い時期はトマトとオイル漬けツナのサラダがピッタリ」とアドバイス。寒くなっても、ポルチーニ茸のスープや地元特産の白いんげん豆のスープと合わせるのが楽しみ、と教えてくれた。

　ピエモンテ州に「リングエ・ディ・スオーチェラ」というチャッペより少し大きい薄い楕円形のパンもある。意味は「姑の舌」。意地悪な皮肉を言う舌は長いとされ、姑の立場になると善良な人でも舌が長くなるとか。名前にそぐわず、これもチャッペのようにパリパリ、サクサクと軽い食感に手が止まらない。

LOMBARDIA
Milano

【ロンバルディア州ミラノ】
クリスマスの定番ケーキ

# パネットーネ
## Panettone

クリスマス菓子

　パネットーネは、今では菓子店の店頭に一年中飾られているが、昔は年1回、クリスマスの日に心待ちにして食べる"ハレ"のドルチェだった。発祥はミラノの修道院とも、パン職人トニーの考案で、パーネ・ディ・トニーがパネットーネになったとも言われている。歴史は古く、ヴィスコンティ家が統治していたミラノ公国時代、いやそれ以前ともいうから、もう600年は作り続けられていることになる。

　作り方は、小麦粉に卵、砂糖、バター、酵母を混ぜて発酵させた甘いパン生地に、レーズンやオレンジとシトロンのピールを混ぜ合わせ、ドーム型に焼くというもの。焦げたようなしっかりと焼き色のついた表面とは対照的に、内側は指先で裂けるほどにふんわりとして香り高く、鮮やかな黄色をしている。

　簡単に裂けるのは、天然酵母を使い2〜3日かけて何回にもわたって発酵させているからで、この工程がパネットーネの一番のポイント。発酵に適した温度、湿度を長時間管理するのがむずかしく、大量に作る方が天然発酵に向いているため、家庭で作られることはほとんどなく、もっぱらパン店や菓子店で作られてきた。

　1900年代に入ってから、パネットーネは大飛躍する。ミラノの菓子職人、アンジェロ・モッタがなんとかこのおいしいパネットーネを広めたいと、工場生産に乗り出したからだ。これが大成功。ミラノからイタリア全土、さらに海外にまで進出した。そしてこの後を追うように、各社がこぞって生産を開始したのだ。今では伝統的なシンプルなスタイルに

北イタリア／ロンバルディア州

加えて、パイナップルやマンダリン入りをはじめ、中にクリームを詰めたもの、上にフォンダンやチョコレートをかけたものも出回っている。

　10月の声を聞くと、スーパーにもパネットーネが並び始め、クリスマス近くになるとどの菓子店、パン店、スーパーにもパネットーネの山が築かれる。そしてこれらが瞬く間に消えていく。これはイタリアの至るところで見られる現象だ。まさに全国区のドルチェである。この時期になると、ミラノの老舗菓子店「マルケージ」のバールのカウンターでは、切り分けたパネットーネを軽くトーストしてサービス。大勢の集まりで食べるだけではなく、ひとりでも気軽に楽しむことができると好評だ。

　クリスマスのディナーになくてはならないこのパネットーネ。薄く切り分けてそのまま、あるいはザバイオーネソースやマスカルポーネソースを添えることもあるが、そこにはスプマンテも欠かせない。

クリスマス時期のパスティッチェリーア内、パネットーネのディスプレイ。この季節の手土産としてプレゼントし合う。

### 材料と作り方

小麦粉と水、砂糖を混ぜ合わせ、バター（無塩）、天然酵母だね、卵黄を加え均一な生地になるまで練り、まとめて27℃前後で約10〜12時間、3倍になるまで発酵させる。発酵した生地に、小麦粉、バニラパウダー、すりおろしたレモンとオレンジの皮を入れ、混ぜ合わせる。砂糖、はちみつ、卵黄を加え、表面がなめらかになるまで混ぜ合わせ、塩と残りの卵黄を少し加えて練る。バターと残りの卵黄、水を加え更に練る。あらかじめレーズン、オレンジとシトロンのピールにバターを混ぜ合わせ、最後に加え均一に混ぜる。分割した生地を丸めて、28℃で、40〜60分発酵させる。パネットーネ型に生地を丸めながら入れ、型の縁まで生地を発酵させる。175℃のオーブンで、約30〜50分焼く。ミラノ風は、表面に十字の切り目を入れ、中央にくるみ大のバターをのせ、焼き上げる。金属の細い棒を2本差し込み、逆さにして、完全に冷めるまで待って出来上がり。

LOMBARDIA
Milano

【ロンバルディア州ミラノ】

しっとりしたコーン風味のパン菓子

# パン・デ・メイ
## Pan de mei (mej)

行事のために生まれたお菓子

　パン・デ・メイはロンバルディア州ミラノのドルチェ。ドルチェというより甘いパンといった趣で、パスティッチェリーアのほかにパン店でもよく売られている。

　初めて見たときにすぐに親しみを感じたのは、そう、子どものころによく食べていた甘食に似ていたから。ただ、甘食ほどに中央の山のとんがりがなく、やさしいカーブを描いて黄色が鮮やかである。

　パン・デ・メイの名は「パン・ディ・ミーリオ（粟のパン）」という意味で、実際昔は粟を混ぜて作っていた。そんなことから、別名「貧乏人のパン」ともいわれていたようだ。今では、黄色の特徴を残すためにとうもろこしの粉を使い、「パン・メイーノ」とも呼ばれている。

　主な材料は小麦粉と、粗挽き、細挽きの2種類のとうもろこし粉。それをイーストで発酵させ、そのまま、あるいは粉糖をかけてオーブンで焼いたものである。

　以前は、魔除けのパワーがあると信じられてきたサンブーコ*の花を生地に入れていたという。事実、このドルチェ、サンブーコ（セイヨウニワトコ）の花の意味のパニガーダと呼ばれることもあった。サンブーコはアニスのような甘い香りの小さな白い花が咲き、ハーブティーなどにも使われるイタリア人好みのものである。

　また、パン・デ・メイにはこんなエピソードがある。昔ミラノの周辺では純朴な農民や旅人をおびやかす夜盗が出没し、彼らを悩ませていた。業を煮やした時の統治者ス

北イタリア／ロンバルディア州

フォルツァ家は悪党を征伐するために護衛兵を差し向け、激しい戦いの末に兵士側が勝利し、平和が戻った。農民たちは兵士の功労に感謝するため甘いパン――パン・デ・メイを作って贈ったのである。折しも、その日はサン・ジョルジョを祭る4月23日。サン・ジョルジョが牛乳店の守護聖人だったことから新鮮で甘みのある生クリームが添えられ、大好評を博したのである。これを機にパン・デ・メイはミラノをはじめ周辺のブリアンツァ地域の食卓にひんぱんに登場するようになり、とくに4月23日には欠かせないドルチェになったのである。

このパン・デ・メイは、食後のドルチェというより、大きさも、甘いもの好きなイタリア人の朝食向きである。口に入れるとボソッとする食感に、飲み物が欲しくなる。この素朴な生地には、ゆるめに泡立てた生クリームやフレッシュミルクがぴったり。なみなみと注いだミルクとパン・デ・メイ、時にはこんなボリュームある朝食で一日を始めてみよう。

＊ サンブーコは和名をセイヨウニワトコ。英名はエルダーフラワー。イタリアでは赤い実をジャムにしたり、花をフリットにして楽しむ。

粉糖がけと粉糖なしのパン・デ・メイ。パン店の甘味コーナーの華でもある。

### 材料（14個分）

小麦粉（タイプ00）… 150g
とうもろこし粉（粗挽きと細挽き）… 各150g
全卵 … 3個
グラニュー糖 … 150g
溶かしバター（無塩）… 150g
牛乳 … 約50mℓ
生イースト … 20g
塩 … ひとつまみ
粉糖 … 適量

### 下準備

- 牛乳を温め、生イーストを加えて溶かす。
- 小麦粉ととうもろこし粉を一緒にふるう。
- 天板にバターを塗り、小麦粉をまぶす（ともに分量外）。
- オーブンを190℃に温める。

### 作り方

1 台の上に粉類を山高にのせ、中央をくぼませる。卵、グラニュー糖、溶かしバター、塩、生イースト入りの牛乳を入れ、練り混ぜる。ひとまとめにし、ボウルに入れてラップをかぶせ、温かい所で1時間ほど発酵させる。

2 生地を分けて直径5～6cm大に丸め、手のひらで軽く押して直径10cmの円盤状にする。

3 準備した天板に間隔をあけて並べる。粉糖を茶漉しに入れてふりかけ、190℃のオーブンで20分ほど焼く。

### *memo*

◆ イタリアでは、一般的にバニラ風味の粉糖を使います。
◆ 成形前にサンブーコの花（ドライ）を入れると、更にイタリア的な風味が増します。

LOMBARDIA
Pavia

【ロンバルディア州パヴィーア】
復活祭の鳩形パン

# コロンバ
## Colomba

復活祭のお菓子

　土のぬくもりを感じ、芽吹く木々の緑が美しくなるころ、街のパスティッチェーリアの店先ではコロンバが目につくようになる。コロンバとはイタリア語で「鳩」のことで、その姿形に似せて焼いた菓子もまた、コロンバと呼ぶ。ちょうど、鳩が横向きに飛んでいる形である。通称はコロンバだが、正式な名前は「コロンバ・パスクワーレ」、つまり「復活祭の鳩」である。

　復活祭といえば卵がつきもの。パスティッチェーリアにも、色鮮やかにデコレーションをほどこした卵形のチョコレートや、それを派手なラッピングで包んだものが所狭しと飾られる。これらに比べると、コロンバはつつましく、気品さえあるように見える。それは高潔な生い立ちのせいなのだろうか。

　コロンバの発祥の地は、ミラノの南35キロにあるパヴィーア。その昔、イタリア北部に侵攻してきたランゴバルド族はパヴィーアに来て民衆の粘り強い抵抗にあい、侵略は困難をきわめた。総指揮をとるアルボイーノ王はなかなか決着がつかない状況にいらだちを覚えていたが、それを察した住民は王の気持ちを静め、攻撃の手を緩めるようにと、平和のシンボル「鳩」をかたどった甘いパンを献上する。しかし、この純粋な住民の願いの甲斐なく、569年にパヴィーアはランゴバルド王国の支配下となる。

　ただ実際は、すでにパネットーネを工場生産して成功を収めていた近郊のモッタ社の広報担当が、復活祭のためのコロンバを提案したという説が、有力な気配である。

## 北イタリア／ロンバルディア州

確かに、「長い歴史をもつコロンバですが、ここ数十年で、生地はパネットーネに似てきましたね」と語るのは、ラケッリ社のヴィニーチョ・ラケッリ氏。ラケッリ社の創業は1935年。現在ミラノ市内に2店舗のパスティッチェリーアを展開し、郊外の工場からジェラートや数々のケーキ類をレストランなどに卸している。彼によれば、コロンバは緻密なパン生地から、ふんわりとした食感のものに変化してきたらしい。

それは小麦粉と天然酵母を混ぜ、何度も発酵させながらバター、砂糖、オレンジピール、卵を混ぜ込んでいく工程がパネットーネと似ているからだ。異なるのは、コロンバにはレーズンを入れないこと、生地を鳩の形にして、表面にあられ糖とアーモンドを散らすこと。

血縁のつながりの濃いイタリアでは、「クリスマスは両親と、復活祭は好きな人と」という言い習わしがある。クリスマスは万障繰り合わせて両親の元に集まって祝うが、復活祭は愛しい人と過ごすという意味だ。愛する人とともに、純粋と平和のシンボル「コロンバ」を食べれば、たちまちすべてが春色に染まるのだろう。

### 材料と作り方（作りやすい分量）

天然酵母と水を混ぜ合わせ、小麦粉（タイプ0）を加え混ぜ、バター（無塩）を加えて均一な生地にし、2倍になるまで発酵させる。生地にグラニュー糖を加えてから、小麦粉を加え、順に溶き卵、塩、バターを加え、バニラビーンズの種を加え、均一な生地にする。最後に角切りのオレンジピールを加えてまとめ、台の上で両手のひらを使って薄くのばし、丸めて合わせ目を下にしてまとめる。ラップをかけ、冷蔵庫で16時間発酵させ取り出し、室温26〜30℃で2〜3時間発酵させる。台で生地を35対65に分け、多いほうは手のひらでのばし丸めて棒状にして鳩の胴体とし、鳩の紙型の中央に入れる。残りは、2等分して同じように丸め、鳩の羽として両脇に入れ、3時間半発酵させる。皮むきアーモンドとヘーゼルナッツ、グラニュー糖をミキサーにかけ、とうもろこし粉、片栗粉、卵白を加えて混ぜ、生地の上にかけ、皮付きアーモンド、あられ糖を散らし、オーブンで焼く。焼き上がったら2本の長い金属の棒を差し込み、逆さにして、完全に冷ます。

LOMBARDIA
Pavia

【ロンバルディア州パヴィーア】
"パラダイス"のトルタ

# トルタ・パラディーゾ
## Torta paradiso

創作伝統菓子

---

　試食をしたある侯爵が、夢見心地に「これはパラディーゾ(天国)の味じゃ」と叫んだことから、その名がついたというトルタ・パラディーゾ。これはパヴィーアの銘菓だが、その名前の由来にひかれ、食べてみたいと思っていたところに、パヴィーア出身のアンナが当のトルタを持って訪ねてきた。

　それはレトロ調の包装で、緑の紙のパッケージの上に、白地に金と赤の文字で「エンリコ・ヴィゴーニ考案の本物のトルタ・パラディーゾ」と書かれたリボンがかかっている。包みをほどくと、中からアルミ箔で包まれた何の変哲もないトルタが出てきた。隣の奥さんが「おいしいケーキを焼いたわよ」と持ってきてくれるような、ふだん着の焼き菓子である。

　少々期待を裏切られた気がしたが、添えられていた粉糖をたっぷりかけてナイフを入れると、外側の焼き色からは想像もしなかった、鮮やかな黄色の生地が見えてきた。

　さっそくトルタを口に含むと……淡雪のようにはかなくホロッと崩れ、溶けるように甘い香りが広がる。そうか、これがパラディーゾな気分なんだ。

　このトルタを作るには、まずバターとグラニュー糖を泡立てることから始める。別に卵を泡立て、ふたつを合わせてから小麦粉等をふるい入れ、さっくり混ぜ合わせて型に流して焼く。

　「特別な秘密はありません。良質な材料を選んで、細心の注意を払えば誰にでも作れ

北イタリア／ロンバルディア州

ます」

考案者である初代のエンリコ・ヴィゴーニから数えて4代目にあたる「ヴィゴーニ」のピエトロ・グレッキ氏は、インタビューでそう話してくれた。パヴィーアの菓子店はこぞって真似をしたが、どの店もヴィゴーニのトルタのようには作れなかったという。

「実にシンプル。それが流行に左右されることなく、発売当初の1878年から現在まで、いつの時代にも誰からも愛され続けてきた理由だと思います」

この店は「菓子店を開くなら大学のそばで」というエンリコの母親の考えから、旧市街の中心、パヴィーア大学の校門の真ん前に作られた。今でも教授や学生たちのたまり場で、アカデミックな雰囲気がある。

パヴィーアの人々にとって、トルタ・パラディーゾはアンナのように友人、知人宅への訪問やパーティなどの集まりに手みやげとして愛用する、身近で自慢のドルチェらしい。

「一年中、季節に関係なく作っていますが、クリスマス時期になると、プレゼントとして地方に送ってほしいという注文が殺到します。日本にも送ったことがありますよ」とグレッキ氏。

このトルタ、紅茶にもコーヒーにも合うが、フルーティな香りの軽快な白ワイン、モスカート・ダスティが一番とすすめてくれた。

---

### 材料（直径26cmの丸型）

- 小麦粉（タイプ00）… 125g
- 片栗粉 … 125g
- バター（無塩）… 250g
- グラニュー糖 … 250g
- 全卵 … 3個
- 卵黄 … 3個
- 塩 … 少量
- レモンの皮（すりおろす）… 1個分
- バニラ風味の粉糖 … 大さじ2

### 下準備

- バターは常温にし、柔らかくする。
- オーブンを180℃に温める。
- 小麦粉と片栗粉をふるう。
- 型にバターを塗り、片栗粉をふる（共に分量外）。

### 作り方

1. ボウルにバターを入れ、ハンドミキサーで白っぽくなるまで混ぜる。
2. そこに少しずつグラニュー糖を加え混ぜ合わせる。
3. 別のボウルに全卵、卵黄、塩を入れ泡立て器でよく泡立てる。
4. 2の中に、3を少しずつ入れ混ぜ合わせる。
5. 小麦粉と片栗粉を静かに入れ、ゴムべらで泡をつぶさないよう切るように混ぜ合わせ、最後にレモンの皮を混ぜる。
6. 型に静かに流し入れ、表面を均一にならす。
7. 180℃のオーブンで30分ほど焼き、竹串を刺して何もついてこなかったら取り出し、そのまま網などの上で粗熱を取り、型から取り出し完全に冷ます。食べる前に粉糖をふりかける。

### *memo*

◆ 冷めてからアルミ箔で包み保存します。少なくとも食べる2日前に準備すること。味が馴染んで、更においしくなります。

LOMBARDIA
Mantova

【ロンバルディア州マントヴァ】
タリアテッレのトルタ

# トルタ・ディ・タリアテッレ
## Torta di tagliatelle

宮廷生まれのお菓子

　イタリアで毎日の食事に欠かせないパスタ料理。そのパスタをドルチェに仕立てたのが、このトルタ・ディ・タリアテッレである。タリアテッレと名前がついているのに、よく見ると上にのっているパスタの幅は2mmと狭く、どちらかというとタリオリーニに近い。そんなことを思いながら店先で眺めていると、店の主人マルコがこう教えてくれた。
　「このパスタは、スープに入れるタリアテッレです」
　マルコは、マントヴァの旧市街にあるパン店「イル・グラナイオ」の3代目。朝早くから奥の工房で、おいしいにおいに包まれながらパンや菓子を焼いている。
　彼によると、マントヴァのトルタ・ディ・タリアテッレは小麦粉と卵を練ったパスタ生地がベース。これを薄くのばして細いタリアテッレに切り分ける。一方でアーモンドを粗く刻み、バター、砂糖、ラムを混ぜてアーモンドバターを作る。型にタリアテッレを敷き、アーモンドバターを塗り、これをもう一回繰り返して、こんがり焼く。
　カリッと焼かれたタリアテッレにたっぷり入ったアーモンドが香ばしく、またバターとラム酒の風味もよく効いている。ナイフとフォークで食べるのは困難なほどに堅く、ふんわりソフトな食感とは対極にある、噛み締めて味わうドルチェである。
　このお菓子は、実はマントヴァだけでなく、エミリア＝ロマーニャ州のフェッラーラとモデナでも伝承されてきた。ただし作り方には土地ごとに違いがあり、フェッラーラのそれは練りパイ生地を型に敷き、アーモンドのペーストを詰めてタリアテッレをのせて焼き、

北イタリア／ロンバルディア州

冷めてから粉糖をかけるというもの。一方、モデナのそれは型に練りパイ生地を敷いて、アーモンドとバター、リキュール、シトロンピール、細かくしたチョコレートを混ぜたものを詰め、その上にタリアテッレをのせて焼く。いずれにしても、上にのせるタリアテッレの生地をごく薄く、細く切ることが秘訣である。

この3つの町を結ぶのは、エステ家。13世紀半ばから16世紀末まで、フェッラーラを本拠地に高い宮廷文化を誇っていた貴族である（モデナはその支配下にあった）。同時期、マントヴァはゴンザーガ家によって統治されており、そこにエステ家のイザベッラが嫁いで、このドルチェを伝えたといわれる。

となると、元祖はフェッラーラかと思いきや、こちらの土地ではイザベッラが嫁いだあとの1501年、ローマから輿入れしてきたルクレツィア・ボルジアにちなんで作られたというエピソードが語り伝えられている。「わがプリンセスの、波打つような長く美しい金髪に捧げるために作られた」と。

イザベッラもルクレツィアも、知性と美貌の持ち主として社交界の注目を集めた女性。起源がどちらなのかははっきりしないが、歴史のロマンを感じさせる雅なお菓子であることに違いはない。

## 材料（直径24cmの型1台分）

- 小麦粉（タイプ00）… 300g
- 全卵 … 1個
- 卵黄 … 2個
- グラニュー糖 … 200g
- アーモンド（皮なし。粗く刻む）… 200g
- バター（無塩）… 100g
- アニス風味のリキュール（またはラム）… 40ml

### 下準備

- バターは常温にし、柔らかくする。
- オーブンを170℃に温めておく。

## 作り方

1 粉と全卵、卵黄を混ぜ合わせ、グラニュー糖20gを加えて混ぜ合わせてひとつにまとめ、30分ほど休ませてから、1mm厚さにのばし、丸めて端から幅2〜3mmに切り分けタリアテッレを作る。

2 アーモンドと残りのグラニュー糖、バター、リキュールを混ぜ合わせる。

3 バター（分量外）を塗った型に、1の1/3量を入れ、その上に2の半量を入れ、更に1の1/3量、その上に2と繰り返し、最後に残りの1をのせ、上にところどころバター（分量外）をちぎってのせる。

4 170℃のオーブンで、約40分表面が色づくまで焼く。

### *memo*

◆ 2のアーモンド生地に、砕いたアマレッティ（→p.10）を少量加えると風味が増します。

LOMBARDIA
Mantova

【ロンバルディア州マントヴァ】

マントヴァ風ぽろぽろトルタ

# ズブリゾローナ
## Sbrisolona

ふだんのお菓子

　イタリアで食べものの話をする時、よく耳にする言葉に「クロッカンテ」がある。イタリア人好みの"カリッとした"食感のことである。パンにしても、内側の柔らかい部分よりまわりのバリバリした皮のほうが人気だ。クロッカンテなドルチェ、それもまるごとすべてがゴツゴツした堅めの歯応えなのが、このズブリゾローナ。ロンバルディア州南東部にあるマントヴァの名物菓子である。

　ズブリゾローナは、刻んだアーモンドやとうもろこし粉等を混ぜ合わせた生地を厚さ2～3cmにならしてオーブンで焼いたもの。昔の生地は、手に入りやすいとうもろこし粉の割合が高く、サックリ感の増す豚のストゥルット（精製ラード）だけが使われていたが、最近はバターも使われる事が多いようだ。香ばしいアーモンドと、ザラッとした舌触りのとうもろこし粉が素朴な風味を感じさせるおいしさ。水分が少なく日持ちがするので、遠方へのおみやげにも都合がよい。

　名前のズブリゾローナは「ボロボロになる」という意味の「ズブリチョラート」からきている。まさにその名のとおり、ズブリゾローナは切って食べるというより、割って砕いたものを食べる感じだ。

　マントヴァからもう少し東のヴェネト州トレヴィーゾにも、これにとてもよく似た「フラゴロッタ」という菓子がある。これもヴェネト地方の方言の「フラゴラ」というパンくずを意味する言葉に由来している。こちらはオーブンから出したての熱いうちに、小さなひし形

北イタリア／ロンバルディア州

に切って食べるのが習わしだ。

　長年の友人、マントヴァに住むプロペルツィオの家で絶対に欠かせないドルチェは、もちろんズブリゾローナ。彼によると、ズブリゾローナは食べる時を選ばない万能ドルチェだという。朝食にはカフェラッテと、おやつや食後にはエスプレッソと、そして時には白ワインやリキュールとも合わせる。朝のひとかけらは一日を始動させるエネルギーをもたらしてくれるし、食後のそれは食事の締めくくりとして満足度を高めてくれるとか。

　ただ、きれい好きな奥さんのデイジーは、ボロボロに崩れるズブリゾローナを横目に渋い顔。

「食べたあと、小言を言われる前に先手を打って、さっときれいにするんだよ」と、プロペルツィオはズブリゾローナのかけらをつまんでウインクした。

---

**材料（直径24cmのトルタ型1台分）**

小麦粉（タイプ00）… 200g
とうもろこし粉（細挽き）… 200g
グラニュー糖 … 200g
アーモンド … 200g
レモンの皮（すりおろす）… 1個分
バニラパウダー … 少量
塩 … ひとつまみ
卵黄 … 2個
バター（無塩）… 100g
ストゥルット（精製ラード）… 100g

**下準備**

- アーモンドは湯にしばらくつけてから皮をむき、細かく刻む。
- 直径24cmの浅いトルタ型にバター（分量外）を塗り、とうもろこし粉（分量外）をふる。
- バターとストゥルットは常温にし、柔らかくする。
- オーブンを180℃に温めておく。

**作り方**

1. 台の上で小麦粉、とうもろこし粉、グラニュー糖、アーモンド、レモンの皮、バニラパウダー、塩をよく混ぜ合わせ山にする。
2. 中央をくぼませ、卵黄とバター、ストゥルットを入れ、周りの粉類を崩しながら指先で混ぜ合わせる。
3. 全部を混ぜ合わせ、ボソボソの生地にしたら、型に3cm厚さに平らに詰める。
4. 180℃のオーブンで約40分焼く。完全に冷めてから型から取り出す。

***memo***

- ストゥルットを入れると仕上がりのボロボロ感が増しますが、バターだけでもおいしい。その際のバターの分量は200gにします。
- 材料を混ぜ終わってもボソボソと粉気が多いようなら白ワインを大さじ1〜2加えます。
- アルミ箔で包み、乾燥した涼しいところで1ヶ月は保存できます。

LOMBARDIA
Cremona

【ロンバルディア州クレモーナ】
クリスマスに欠かせないヌガー

# トッローネ
## Torrone

宮廷生まれのお菓子

　バイオリンで知られるクレモーナは、中世の面影が残る美しい街である。その中央広場に高くそびえる鐘の塔「トッラッツォ」は街の誇りだ。そのクレモーナの銘菓といえばトッローネ、細長い箸箱状の白いヌガーである。今では、イタリア全国の家庭でクリスマスシーズンには欠かせないドルチェだ。

　その昔、1441年10月25日に行なわれた、ヴィスコンティ公爵家の令嬢ビアンカ・マリアとフランチェスコ・スフォルツァの婚礼を祝う宴に、高くトッラッツォのように飾られたのが純白のこのドルチェ。それに由来してトッラッツォからトッローネが生まれた……なんともロマンチックなストーリーではないか。

　しかし、トッローネのルーツは、さらに時代をさかのぼる。すでにローマ時代の著名な歴史家プリーニオは、はちみつとヘーゼルナッツを混ぜ合わせたアクイチェルスという菓子がトリノで作られていたとし、南部のベネヴェントでも、歴史家ティート・リヴィオが、トッローネの前身、白いナッツ入りのドルチェ、クペディアが作られてきたと書き残している。またシチリアでは、ごまを甘く固めたクッバイタも知られている。おそらく、はちみつを煮てナッツ類を混ぜ合わせた菓子は、古くから作られ、それらが時を経て洗練されて、現代のトッローネになったのだろう。

　トッローネを口に含むと、サクッとした歯触りが心地よく、ナッツの香ばしさと口溶けのよい飴がミックスされて、風味豊かな甘さが後を引く。このドルチェは、砂糖とはちみつ

北イタリア／ロンバルディア州

と卵白、ナッツを煮て作る。作り方は簡単そうに見えるが、この食感を作るには加熱の頃合いが難しく、ポイントらしい。砂糖とはちみつをそれぞれ長時間煮て、色づかせずガラスのような飴に仕上げるには経験がいるようだ。

アーモンドやヘーゼルナッツのほか、ピスタチオ、ピーナッツ、フルーツの砂糖漬けが入るものや、チョコレートコーティングしたトッローネもあり、またリキュールを含ませたスポンジ生地を挟んだものも出てきている。サイズも、トロンチーノと呼ばれる小さなものから2kgもあるような大きいもの、デコレーションした丸いホールケーキ型まで、またサックリしたトッローネのほか、テーネロとかモルビドと呼ばれる柔らかなタイプもあり、さまざまな種類がある。2014年には、カラーブリア州のバニャーラのトッローネがI.G.P.（→p.21）に認定された。これは、地元のアーモンドを加え表面にグラニュー糖を、あるいはココアパウダーをコーティングしたふたつのタイプがある。

全国で親しまれているドルチェだが、クレモーナでは毎年11月末にトッローネの祭りが催され、訪れる人々にふるまわれている。

### 材料（作りやすい分量）

グラニュー糖 … 200g
はちみつ … 200g
アーモンド … 500g
バニラパウダー … 少量
卵白 … 2個分
塩 … 少量
レモンの皮（すりおろす）、
　オスティア（→p.152。極薄タイプ）
　　… 各適量

### 作り方

1 鍋に水50mlとグラニュー糖を入れ、弱火にかけ、かき混ぜながら溶かし、色が薄めのカラメルを作る。
2 アーモンドは180℃のオーブンで7〜8分ローストする。
3 はちみつはボウルに入れ、湯煎にかけて溶かし、1のカラメルに2のアーモンド、バニラパウダー、レモンの皮とともに加え、混ぜ合わせる。
4 卵白は塩を加えてハンドミキサーで固く泡立てて3の鍋に加え混ぜ、弱火で約1時間煮る。
5 オスティアの上に4を置き、2cm厚さに平らにして、更に上にオスティアをのせ、冷ましてから適当な大きさに切り分ける。

#### *memo*

◆ アーモンドの代わりにヘーゼルナッツ、ピスタチオなど、ほかのナッツ類を利用してもおいしくできます。

LOMBARDIA
Gavirate

【ロンバルディア州ガヴィラーテ】

ヘーゼルナッツのコリコリクッキー

# ブルッティ・エ・ブオーニ
## Brutti e buoni

創作伝統菓子

　ブルッティ・エ・ブオーニは、イタリア語で「不細工でおいしい」の意味。ゴツゴツした塊を口に入れると、サクッとした歯触りの次に、甘い生地がもろく崩れて舌の上でシュワーッと溶け、残った粒々を噛み締めると香ばしいナッツの風味が広がる。この味を一度体験すると、言い得て妙な、その長いネーミングに、必ずや納得するはずである。

　この菓子は、ロンバルディア州ガヴィラーテの生まれ。ミラノの北、ヴァレーゼ湖のほとり、人口1万人に満たない小さな町である。日曜の昼下がり、のどかな街を散歩していると、どの菓子店やバールのウインドウにも、店ごとの包装紙に包まれたブルッティ・エ・ブオーニが並んでいた。目指す元祖のパスティッチェリーア、1875年から続く「ヴェニアーニ」は、街の中心広場に面してあった。こぢんまりした店内は、艶のあるチョコレート色に磨き上げられた木調の内装で、かわいらしい宝石箱のよう。

　「おいしさの秘密は、ひとえに、使う材料を厳選し、ていねいな手作業で作っているからです」

　この菓子を考案した初代のコスタンティーノ・ヴェニアーニから数えて4代目、フェデリーカとフランコ夫妻が昔ながらのレシピで作っていると説明してくれた。

　まずアーモンドとヘーゼルナッツを煎って粗く砕き、泡立てた卵白と粉糖を合わせ、小さくすくってオーブンで焼き、冷まして出来上がり。簡単に作れておいしいというわけ

北イタリア／ロンバルディア州

で、これほどイタリア全国で真似された菓子もないようだ。

「実際、私たちが商標登録を申請したら、"ブルッティ・マ・ブオーニ"という似たような菓子が、トスカーナにありました」と、フランコ。名前の真ん中の一文字の違いで、エはand（〜で）、マはbut（でも）の意味。

トスカーナの"マ"の菓子は、先の材料にトスカーナのスパイスとして、シナモン、クローブ、コリアンダーが加わり、オーブンに入れる前に、生地を色づくまで鍋で加熱してから焼く。一方、ロンバルディアの"エ"の菓子は、誕生した1878年当初から作曲家ヴェルディや詩人のカルドゥッチなどの著名な文化人に愛され、またサヴォイア王家のエレナ王妃が山のように買い込んで行ったというエピソードもあり、ちょっとセレブな文化の香りのする菓子なのである。

ところが、最近は"エ"よりも、"マ"の方が、優勢な気配。トスカーナをはじめローマ以南でも、圧倒的に"マ"を多く見かける。不細工でもおいしい、ブルッティ・マ・ブオーニは、庶民のドルチェとして、各々の菓子店の個性を生かした、大きさも、入れるナッツも、フレーバーもさまざまに、広く愛され続けている。

＊ 左ページ写真は、前方がブルッティ・エ・ブオーニで、後方の茶色いものがブルッティ・マ・ブオーニ。

---

### 材料（作りやすい分量）

アーモンド … 120g
ヘーゼルナッツ … 40g
卵白 … 3個分
粉糖 … 150g
バニラパウダー、塩 … 各適量

### 下準備

- アーモンドとヘーゼルナッツは、別々にオーブンで軽くローストする。
- 天板にオーブンシートを敷く。
- オーブンを150℃に温める。

### 作り方

1. アーモンドとヘーゼルナッツを細かく粒状になるまで刻む。
2. ボウルに卵白と塩を入れハンドミキサーで固くつやが出るまで泡立て、粉糖とバニラパウダーを加えて混ぜる。
3. 2に1を加え、ゴムべらで泡をつぶさないように混ぜる。
4. スプーンで少しずつすくって、オーブンシートに並べる。
5. 150℃のオーブンで15分ほど焼き、水分を飛ばす。
6. オーブンから取り出して網の上で冷まし、冷めたら密閉容器に入れて保存する。

### *memo*

◆ 使うナッツ類は、アーモンドだけでも、ヘーゼルナッツだけでも、また松の実を入れてもおいしくできます。

【ロンバルディア州】
チョコレート風味の
甘いサラミケーキ

# サラーメ・ディ・チョッコラート
## Salame di cioccolato

ふだんのお菓子

　「サラーメ・ディ・チョッコラート」はチョコレート風味のサラミ。甘いサラミという意味の「サラーメ・ドルチェ」とも呼ばれる、ロンバルディア州の菓子である。名前のとおりのサラミ形で、美しいモザイク模様の切り口も、豚肉で作る本物そっくりだ。

　このお菓子を作るには、オーブンも特別な道具もいらない。材料もイタリアの家庭にいつもあるものばかり。思い立ったらすぐに作れる家庭菓子である。

　チョコ風味とプレーンの2種類のクッキーを、バターと卵黄をベースにしたチョコレート風味のクリームでまとめて、筒状に整える。すると"甘いサラミ"が出来上がり、あとは時間をおいて馴染ませるだけで、イタリアンドルチェの一品が完成するという寸法だ。話を聞いているうちに、即作りたくなる手軽さである。

　実際レシピを教わってすぐに、試しに作ったのが写真のサラミ。チョコレート好きの私は、この超簡単で、しっとりした口当たりのドルチェに大満足。さっそく、教えてくれたナディアにお礼を言うと、「このドルチェは豚肉のサラミと同じように、ふいに訪ねてきた客人にすぐにおもてなしができるようにというアイデアから生まれたのよ」と誕生エピソードを話してくれた。

　イタリアの人々にとって豚肉の加工品は馴染みが深い。今でも冬になると、農家では

北イタリア／ロンバルディア州

　豚1頭をおろして自家製の生ハムやサラミを作るのが習わしになっているが、保存がきき、切るだけでいつでも簡単に食べられるサラミはいつの時代にも重宝されてきた。ドルチェのサラミは、それがヒントになって生まれたのだという。

　しかし、レシピはひとつではなかった。ジョヴァンナ・ファルツォーネ著の『Il Panettone e altri dolci milanesi（パネットーネとミラノ菓子）』では、エスプレッソコーヒーが入らず、全卵を入れ、ヘーゼルナッツかアーモンドを刻んだものを加えるとなっている。また、近所の料理好きなラウラは裏漉ししたリコッタチーズを入れて、よりソフトなサラミに作っているそう。主婦の一人ひとりが工夫して作る、まさしくホームメイドなお菓子なのである。そういえば、ブランデー等を加えて大人向きにしてもよいという料理本もあったことを思い出した。

　このサラミ、ロンバルディア州だけのものと思っていたら、遠いシチリアにも同じようなものがあるのを見つけた。その名も「トルコ風サラミ」。トルコ式コーヒーの色が濃いせいか、シチリアでは色の黒いものを「トルコ」と呼ぶ。こちらのサラミはクッキーを細かく砕き、モザイク模様ではなく真っ黒なサラミに仕上げるのである。

　いずれにせよ、本物のサラミも、このドルチェなサラミも、いつも手近に用意しておきたいおいしいものである。

### 材料（作りやすい分量）

- バター（無塩）… 40g
- グラニュー糖 … 40g
- 卵黄 … 1個
- エスプレッソコーヒー（粗熱を取る） … 50mℓ
- ココアパウダー … 40g
- クッキー（プレーンとチョコ風味。プレーンだけでも可）… 計100g

### 下準備

- バターは常温にし、柔らかくする。

### 作り方

1. バターにグラニュー糖を加えてすり混ぜる。卵黄を加え混ぜ、エスプレッソコーヒーとココアパウダーを加えてよく混ぜ合わせる。
2. クッキーを1～1.5cm角に粗く砕いて1に加え、ざっくりと混ぜる。
3. オーブンペーパーかアルミ箔に横長にのせ、くるくると包んで筒状に整える。両端をすぼめてタコ糸などで縛り、サラミ形にして冷蔵庫で丸1日冷やし固める。

### *memo*

- ◆ バターとグラニュー糖の分量を減らし、湯煎したチョコレートを加えると、チョコレート風味が増します。その場合はココアも減らします。
- ◆ 1でラムなど好みのリキュールを入れると大人向けの風味になります。

LOMBARDIA

謝肉祭のお菓子

【ロンバルディア州】

謝肉祭の揚げ菓子

# キヤッケレ
## Chiacchiere

　冬もたけなわになると、ミラノのパン店や食料品店にキヤッケレが顔を見せ始める。キヤッケレはロンバルディア州のカルネヴァーレ（カーニバル・謝肉祭）の菓子で、「ラ トゥーゲ」とも呼ばれる。そのカリッとした歯触りは、日本の薄焼きせんべいを思い起こさせる。

　カルネヴァーレとは、キリストの断食にちなんで肉食を断つ四旬節に入る前、踊りや仮装で陽気に祝う祭りである。毎年2月の終わりともなると、この祭りは一段と盛大になる。特に、人々が昔のコスチュームを着て仮面をつけ、町を歩くヴェネツィアや、オレンジを投げ合うイヴレア、時の話題や人物を大きな張り子に仕立てた山車を曳き回すヴィアレッジョのものが有名だ。ミラノでも、思い思いに仮装をした子どもを連れた人々が町の中心に繰り出して、色鮮やかなテープや紙吹雪をかけ合う。ひと足早い、春の訪れを感じさせる行事である。

　さて、このカルネヴァーレを祝うキヤッケレだが、まず小麦粉、グラニュー糖、卵、バター、レモンの皮、マルサーラ酒、塩をよく混ぜ合わせて生地を作る。これをタリアテッレくらいの厚さにのばし、ギザギザの波刃のパスタカッターで8×12cmの長方形に切り、中央に切り込みを入れ、揚げて粉糖をかけるという、いたってシンプルな菓子である。食後にもおやつにも、どんなときにも気軽につまめるので、まとめて大量に作るのが習わしだ。

　昔はストゥルット（精製ラード）で揚げていたが、今では植物性油を使ったり、ごく最

北イタリア／ロンバルディア州

近ではアル・フォルノ、つまりオーブンで焼いたものが主流になっている。カロリーを控えるダイエット志向がますます勢いを得てきているということだろう。

このキヤッケレは、実は各地にたくさんの"親戚"がいる。同じ作り方でマルサーラ酒の代わりにヴィンサント、ラム酒、白ワイン、グラッパを使ったり、形もひし形、リボン状、結び目のあるものなど、いろいろある。代表的な親戚は、ピエモンテ州の「ブジーエ」、トスカーナ州の「チェンチ」、エミリア＝ロマーニャ州の「スフラッポレ」、ヴェネト州の「ガラーニ」、トレンティーノ＝アルト・アディジェ州の「クロストリ」、ラツィオ州の「フラッペ」、サルデーニャ州の「メラヴィリアス」など実に多彩である。

キヤッケレとは"おしゃべり"の意。食べるときのパリパリという音が、おしゃべりをしているように聞こえるからだろう。おしゃべり好きのイタリアならではのネーミングである。

カーニバルの時期になるとショーケースに積み上げられて売られるキヤッケレ。

### 材料（作りやすい分量）

小麦粉(タイプ00) … 250g
小麦粉(タイプ0) … 250g
グラニュー糖 … 60g
バター(無塩) … 60g
溶き卵 … 175g
マルサーラ … 50㎖
レモンの皮(すりおろす) … 1個分
塩、揚げ油 … 各適量
バニラ風味の粉糖 … 適量

### 下準備
- バターは常温にし、柔らかくする。
- 2種類の小麦粉を合わせてふるう。

### 作り方

1 ふるった粉を山にして、上にくぼみをつけ、グラニュー糖、バター、溶き卵を加え、マルサーラ、レモンの皮、塩を加えて混ぜ合わせ、均一な生地にする。ラップに包んで1時間馴染ませる。

2 生地を1～2mm厚さにのばし、パスタカッターで8×12cmの長方形に切り分け、両端を残し、2本縦長の切り込みを入れる。

3 揚げ油を175～180℃に熱し、揚げる。粉糖をかける。

#### *memo*
- バターの代わりに、オイルを入れるとベジタリアン向きになります。形はお好みで。
- 仕上げの粉糖は、グラニュー糖でもおいしくできます。

【ロンバルディア州、エミリア＝ロマーニャ州】
レモンバター風味のバラ形パン
# トルタ・デッレ・ローゼ
## Torta delle rose

行事のために生まれたお菓子

「ローゼ」はイタリア語で「バラの花」。つまり、トルタ・デッレ・ローゼはバラの花を束ねたように焼いたタルトという意味で、イタリア北部のロンバルディア、エミリア＝ロマーニャ両州に伝わるドルチェである。

このお菓子は、小麦粉にイーストを加えて発酵させ、さらに小麦粉、全卵、卵黄、少量のバター、バニラ、塩を加えてよく叩きながら柔らかく練った生地がベース。これと、バターに粉糖、レモンの皮やレモン汁を練り合わせて作ったバタークリームを使う。

組み立ては、まず発酵させた生地を5㎜厚さの長方形にのばし、バタークリームを塗り、長い辺を軸にロール状に巻き込む。これを7つのうず巻きに切り分け、深さのある丸いトルタ型の中心に1つ、それを囲むように6個を入れる。1時間休ませて焼くと、ふっくら発酵した生地が型からいくぶんはみ出して、バラの花のように開くという仕組み。昔は、ロール状に巻いたものをたくさんの数に切り分け、型にびっしり並べて焼いていたという。

「バラの花ひとつが一人分。僕が小学生のころは、どの子も誕生日にはいつも決まってホームメイドのトルタ・デッレ・ローゼを持ってきて、クラス全員でお祝いしたもんだよ。早く誰かの誕生日が来ないかなって、いつも楽しみにしていたことを覚えているよ」

ピアチェンツァ大学の食品化学部に通うジョヴァンニは、楽しそうにこう話したことがある。彼はマントヴァ郊外にある三ツ星レストラン「ダル・ペスカトーレ」のオーナーの

北イタリア／ロンバルディア州、エミリア＝ロマーニャ州

　長男。今は母ナディアさんと一緒にシェフを務めている。彼の言葉どおり、イタリアの小学校では、それぞれの親が自分の子どもの誕生日になるとクラスみんなのためにケーキを作り、持って行くのが習わしになっている。私も、パルマに住む姪の誕生日にケーキ作りを手伝い、学校へ持って行ったことがあった。そのケーキは確か当人のリクエストで、生クリームたっぷりのデコレーションケーキ。でも、その習わしも時と共に移り変わり、自宅で楽しむよう小さな袋に分けて配る事も多くなったそう。

　さかのぼること1490年、マントヴァを治めていたゴンザーガ家へ16歳で嫁いだフェッラーラのイザベッラ・デステとフランチェスコ世の婚礼の宴で、最後を飾ったのがトルタ・デッレ・ローゼといわれている。型いっぱいに華やかにバラが咲いたようなドルチェは、可憐で美しいイザベッラを、さぞ喜ばせたに違いない。それからは、ことあるごとに、イザベッラは重要な宴には、フェッラーラから呼び寄せた著名な料理人クリストフォロ・ディ・メッシスブーゴにトルタ・デッレ・ローゼを作らせたそうだ。

　先日、マントヴァの中心にあるパン屋の店先でトルタ・デッレ・ローゼを見つけ、早速試食をした。レモンとバニラの香りのするバターの風味が効いていて、ふっくらした食感はまさに菓子パンのよう。イタリア人の甘い朝食にも、お茶にも、そしてソースを添えて食後にも、みんなに親しまれているドルチェである。

## 材料（直径28cmの丸型1台分）

- 小麦粉（タイプ0）… 400g
- グラニュー糖 … 30g
- バター（無塩）… 200g
- 粉糖 … 150g
- 全卵 … 2個
- 卵黄 … 1個
- 生イースト … 25g
- レモンの皮（すりおろす）、レモン汁 … 各1個分
- バニラパウダー、塩、牛乳 … 適量

### 下準備

- 小麦粉100gとイーストをぬるま湯100mlに溶かし混ぜ合わせ、布をかけ発酵させておく。
- 常温に戻したバター170gを泡立て、ふるった粉糖、レモンの皮、レモン汁、バニラパウダーを少しずつ加えクリーム状にする。
- オーブンを190℃に温める。

## 作り方

1. 小麦粉300g、グラニュー糖、バター30g、全卵と卵黄を混ぜ合わせて練り、準備した発酵生地を加え、力強く混ぜ合わせ、固いようなら牛乳を加えまとめ、布をかけて発酵させる。
2. 発酵して2倍ほどに膨らんだ生地を更によく練り、3〜4mmの厚さの長方形にのばす。
3. 表面に準備したバタークリームをゴムべらで塗り、端から巻いて筒状にし、7つに切り分ける。
4. あらかじめバター（分量外）を塗り小麦粉（分量外）をふった型の中央に1つ、その周りに6つ間隔をおいてのせ、約1時間発酵させる。
5. 190℃に温めたオーブンに入れ、185℃に下げ40分ほど焼く。
6. 焼き上がったら冷まし、粉糖（分量外）をたっぷりふりかける。

### *memo*

◆ レモンの代わりにオレンジを使ってもおいしい。

LOMBARDIA
Milano

【ロンバルディア州ミラノ】
中は空洞、パリパリの皮を楽しむ
花の形のパン

# ミケッタ
## Michetta

パニーノ向きのパン

　ぷっくりとかわいらしい花形をしたミケッタは、ミラネーゼが大好きなパン。パリッと焼き上がった外皮がことのほか香ばしく、中心にできる丸い大きな空洞が特徴だ。2007年にミラノ市から、地方を代表する伝統的な食材に与えられる「De.Co.」に認定されるほど愛されている。

　昔、イタリアがオーストリアに統治されていた時代に、ウィーンのパン「カイザー」と地元のパン「ミッカ」を合わせた中間的なパンとして生まれ、それが「小さなミッカ」の意でミケッタと呼ばれるようになった。軽く消化のよいミケッタは生まれた当初から好評で、すぐに全国に広まり、他の地域ではロゼッタともステリーナとも呼ばれている。イタリア王国初代首相のカヴールもミケッタが大のお気に入りだったらしい。1個20gの小さなミケッタを、特別に職人に焼かせていたといわれる。

　ミケッタ作りのポイントは、前の日から仕込むイーストの発酵だねと、中を空洞に焼き上げるための型押しである。このふたつの工程技術がうまくそろってこそ、おいしく美しいミケッタができる。

　まず、小麦粉、水、生イーストをミキシングし、まとめた生地を一晩発酵させる。このとき、練りすぎるとグルテンが強くなりすぎて焼いたときに膨らまず、小さなままのミケッタになるが、逆に練り足りなくても膨らむ力が生まれず、張りのない高さの低いミケッタに

なってしまう。この練り具合が重要なのだ。

　発酵により2倍に膨らんだ生地に、次は水と塩を加え、ミキシングし、ローラーに何回か通して生地に力をつけ、さらに発酵させる。それを小さく分割し、専用の型を押しつけて放射状の線をつけ、オーブンに入れるとみるみる膨らんで放射状に花が開くという寸法だ。オーブンに入れてからの1分間が決め手になる。

　焼き上がったパリパリのミケッタも、時間がたつと花がしぼむようにおいしさが半減してしまう。6時間が命というはかなさだ。だから湿気の多いミラノでは、以前は朝夕2回、ミケッタを焼くのが日課だった。ところが昨今は人件費節約のため、ほとんどのパン店がパンを焼くのは朝1回になってしまった。でも、クリスピー感を失ったミケッタも、オーブンで温め直すと再びその香ばしさがよみがえる。

　このごろはフランスパン生地で作る小型パン「フランチェジーナ」に押され気味ながら、パリパリ感の好きなミラネーゼは特に、パニーノ（サンドイッチ）用のパンにミケッタをセレクトする。中が空洞なので、挟む具とミケッタの香ばしさだけが味わえるからだ。ストリートフードのブームも追い風になり、ミケッタだけのパニーノ専門店も増えている。

　さてミラノにあるパン職人組合からもらった「パンと料理の絶妙相性リスト」によると、ミケッタには卵料理とある。明日は、焼きたての香ばしいミケッタにスクランブルエッグを合わせ、ミラノならではの塩味バージョンの朝食にしてみよう。

ミケッタはこのように半分に切って、ハムなどを挟んで売られていることが多い。パニーノ用として人気が高い。

LOMBARDIA

【ロンバルディア州】
小麦粉の不足を補うために
米を混ぜたのが始まり

# パーネ・ディ・リーゾ
## Pane di riso

稲作地帯で生まれたパン

　パーネ・ディ・リーゾはその名の通り、米で作るパンである。昔から、イタリアは小麦だけでなく米にもなじみが深く、特に北部で稲作が盛んに行われてきた。アルプス連峰からもたらされる豊かな水がポー川に流れ込み、その流域に広がる水田を潤す。あぜ道で小さく仕切られた日本の水田と違い、イタリアでは見渡す限りどこまでも波打つ稲穂が続いている。

　そんな稲作地帯の広がるロンバルディア州ロメッリーナ地方でパーネ・ディ・リーゾは生まれた。水田では一昔前まで、田植えや雑草取りにモンディーナと呼ばれる女性たちが働いていた。明るくたくましいイタリア女性のパワーが米作りを支えていたのである。そのモンディーナの給料の一部として米が支払われ、それを利用して作ったのがパーネ・ディ・リーゾだった。貧しくて、小麦粉が足りない分を補うために、仕方なく米で代用したのが始まりという。

　ところが米を加えると、通常のパンより軽くしっとり焼き上がり、思いのほかおいしい。時が移り、耕作機械の導入でモンディーナの姿は見られなくなったが、パーネ・ディ・リーゾは家々で変わらず作られてきたのである。

最近は、ミラノ市内のパン店にもパーネ・ディ・リーゾが並んでいる。モンディーナの時代は小麦粉に米の粉、それにゆでた米に水、そこにパスタ・マードレ（天然酵母だね）を加えて作っていたが、ナヴィーリオ地区にあるパン店のパオラさんに聞くと、材料は米の粉とフィオッキというフリーズドライの米粒、それに軟質と硬質の小麦粉、ドライイースト、塩、水だそう。製粉会社ですでにミックスされた粉を使っていると説明してくれた。パラオさんの店では数年前から作っているが、新しいパンを試してみようという好奇心からか、少しずつ売上げが伸びているそうだ。

「ウィークデーは小さいバージョンの200ｇ、週末は大きめの500ｇのものが好評です」とパオラさん。年々ミラノっ子たちにも定着してきた手応えを感じている。

パリッとしたクラストのパーネ・ディ・リーゾをちぎると、少し粒々感の残るクラムが見える。口に入れると、やさしくしっとりした口当たり。そして小麦粉だけのパンとちょっと趣の異なる風味がする。もちっとした食感なのにスーッと軽い。試しに、冷蔵庫にあった熟成の若いチーズ、トーマと合わせてみた。軽快な味わいがピッタリ、チキンや白身の魚料理とも相性がよさそうだ。

気にして見ると、パーネ・ディ・リーゾは菜食主義の店や、流行のマクロビオティックの店でも必須アイテムにランクされていた。軽い食感とおいしさはもとより、ヘルシー志向にも沿ったパンらしい。米粉だけで作るパンは、特に近年イタリア全国に17万人ほどいるといわれるグルテンアレルギーの人たちの救いでもある。リゾットやスープに使うだけかと思っていたイタリアの米だが、まだまだ活躍の場があるようだ。ちょっと敬意を表したい気分である。

パンだけでなくお菓子でもグルテンフリーは注目度を上げている。写真はミラノのグルテンフリー専門店「アウト・オブ・グルテン」のショーケース。

【トレンティーノ＝アルト・アディジェ州】

ドライフルーツ入りのケーキ

# ゼルテン
## Zelten

クリスマス菓子

　トレンティーノ＝アルト・アディジェ州の郷土菓子は、どの料理本を見ても、決まって「ゼルテン」と載っている。

　ゼルテンという言葉の響きは、ちょっとイタリア語らしくない。それもそのはず、オーストリアと国境を接するこの州は、イタリアにいながらにしてドイツ的雰囲気を味わえる土地柄。ミラノから東へ向かう高速道路の途中、ヴェローナから北上すると、左右の美しい山並みが次第に険しくなり、様相が一変してくる。そして道路標識にはイタリア語の地名だけでなく、ドイツ語読みも併記される。

　何回か訪れたことのある土地だが、訪ねた時がいつも暖かい季節だったせいか、ゼルテンにお目にかかったことは一度もなかった。ところがある年の12月、ミラノの乾き菓子専門店で、ゼルテンを見つけた。店のシニョーラ（マダム）は「やっとのことで探したのよ。こっちがアルト・アディジェで、こっちがトレンティーノのゼルテン」と言いながら、2種類を手渡してくれた。

　家でいくつかレシピ本を見ると、やはり2つのタイプの作り方が出ていた。中にはその中間的なものも含めて3タイプのレシピが載っていたものも。いずれにしても、クリスマスと年末を祝う同州のもっとも典型的なドルチェとある。

　2つの違いを比べてみると、トレンティーノタイプはバターケーキ的な生地にくるみ、松の実、フルーツの砂糖漬け、ドライいちじく、レーズン、グラッパを混ぜ、型に入れてくるみなどを飾り、オーブンで焼いたもの。一方のアルト・アディジェタイプはライ麦粉がベースで、ドライフルーツがびっしり入る。トレンティーノ風の材料のほかにもデーツや

シナモンなどを混ぜ、上にナッツやフルーツの砂糖漬けをしっかり飾って焼き、はちみつを塗って仕上げる。こちらは冷めてからラップで包んで保存すると日持ちもよく味が馴染むので、クリスマスの2〜3週間前に準備する。

ひと口にゼルテンと呼んでもこうもタイプが違ってはまぎらわしい。あるメーカーに問い合わせると「いずれも伝統的なリチェッタ（レシピ）。ゼルテンの後にトレンティーノ風、アルト・アディジェ風と書いて区別しています」。ドライフルーツとナッツが入るのは同じだが、バターと小麦粉でふっくら作るのがトレンティーノ（写真右側）、小麦粉、ライ麦粉とドライフルーツを固めたように作るのがアルト・アディジェ（写真左側）ということらしい。

昔は、12月中旬になると、クリスマスのためにゼルテンを焼いていた。そんな時、町の娘たちはフィアンセのために心を込めて大きなゼルテンを焼き、切り分けて、親族にもプレゼントしたそうだ。今や、家庭で作る事も少なくなったようだが、子どものころは家でも作っていたというクラウディオに聞くと、「あのセメントみたいに堅いドルチェ？　子どものころは苦手だったなあ」と。確かにとても堅い。力強く切らないと刃が立たない。

でも、噛み締めるとじゅわっと広がるスパイシーで濃厚な甘みとナッツのおいしさは捨てがたい。凝縮した風味のゼルテンは、ひと口つまむドルチェには格好なのである。

---

## アルト・アディジェ風のゼルテン

### 材料と作り方（作りやすい分量）

1 ドライイースト3gをぬるま湯80mlに入れ、温めたはちみつ大さじ1を加えて溶かす。
2 ボウルに小麦粉（タイプ0）100gとライ麦粉50gを入れ、1を入れてなめらかになるまで混ぜ合わせ、ラップをかけて2倍に膨らむまで発酵させる。
3 粗く切ったドライいちじく250gとレーズン150g、オレンジやシトロンなどフルーツの砂糖漬け100gをボウルに入れ、レモンの皮とオレンジの皮（ともにすりおろす）各1個分、温めたはちみつ40gを加え、ラム40ml、アニス風味か柑橘系のリキュール80ml、塩、シナモン、クローブ、ナツメグ（すべてパウダー）各適量を加え混ぜ合わせておく。
4 くるみ、アーモンド、ヘーゼルナッツ各50g、松の実40gを粗く刻み、フライパンで軽く炒って香りを立たせる。
5 3に、粗熱を取った4を入れて混ぜ合わせ、2の発酵生地を加えて混ぜ合わせる。
6 オーブンシートを敷いた天板の上に、指先を水で濡らしながら生地をまとめ、丸形やハート形、リング形に形作る。表面に温めたはちみつ少量を塗り30分おいて乾かしてから、ドレンチェリーやアーモンド、くるみなどを好みで飾る。
7 160℃のオーブンで40分焼く。

### *memo*

◆ 生地を小さなハート形やリング形にして焼き、クリスマスプレゼントにしても喜ばれます。
◆ 作ってから1週間後の方が、味が馴染んでおいしくなります。密閉容器に入れ、涼しいところに置いておけば2ヶ月は保存できます。

【トレンティーノ=アルト・アディジェ州】

甘酸っぱいりんごを
たっぷり巻いたパイ

# ストゥルーデル
## Strudel

外国生まれのお菓子

　そのルーツは、遠くトルコの菓子"バクラヴァ"といわれ、ハンガリーを経て、しっかりイタリアに根づいているドルチェがある。それが、このストゥルーデル。オーストリアと国境を接するトレンティーノ=アルト・アディジェ州の名物菓子として有名だ。

　イタリア語ではストゥッコロ、あるいはストゥッゴロだが、イタリア国内でもドイツ語をイタリア語読みにしたストゥルーデルのほうが断然通じやすい。語源の「巻く」という意味のとおり、ごく薄くのばした生地で、バターとシナモンの風味が効いた甘酸っぱいりんごをたっぷり巻いた素朴な焼き菓子である。

　ストゥルーデルの生地は、いやになるほど手間がかかるからか、またの名を「パスタ・マッタ（クレイジーな生地）」という。下に置いたラブレターの文字が読めるほど、極薄くのばす。地元ではパリッとしたクリスピー感のあるこの極薄のパスタ・マッタの他、地域によって練りパイ生地や折りパイ生地で作るところもある。ミラノのパスティッチェリーアで見かけるストゥルーデルも、最近は折りパイ生地のものが多い。

　しかし、まずは本来のものに挑戦と、アルト・アディジェの観光局がくれた資料を元にパスタ・マッタのストゥルーデルを作ってみた。

　少しヘンゼルとグレーテルの世界に入り込んだような気分で、生地を練り始めた。小麦粉やバターで柔らかめに作ったパスタ・マッタを薄くのばし、中身のりんごを巻く。オーブンに入れて焼き、粉糖をふって出来上がり。"マッタ"にはならなかったものの、大分時間がかかってしまった。

北イタリア／トレンティーノ＝アルト・アディジェ州

　日本ではりんごのパイといえば紅玉だが、イタリアでは酸味のあるレネッタ種を使うことが多い。りんごのほかにさくらんぼうやアプリコット、洋梨、またリコッタクリームを巻いたりもする。
　この他、アーモンド、ヘーゼルナッツ、レーズンを牛乳で甘く煮たものや、けしの実をはちみつ入りの牛乳で煮たもの、ルバーブとマスカルポーネを巻いたものもある。また、チロル風は、ドライいちじく、プラム、デーツなどのドライフルーツを中に入れるなど、多彩なストゥルーデルがある。
　ミラノのナヴィリオ（水路地区）で、都会的なセンスで料理をスタイリッシュに仕上げて提供している「レストラン・サドレル」のシェフ、クラウディオは父親がトレンティーノ出身。パスタ・マッタがことのほか気に入っている。
「折りパイ生地よりバターの量が少なくてすむのでヘルシー。それに生地の中においしさを閉じ込めることができて便利なんだ。きのこや野菜を芯にすることもできるし、極上の仔牛のフィレ肉を巻けば立派なセコンドにもなるんだよ」とヒントをくれた。

## 材料と作り方（6〜8個分）

1. 小麦粉（タイプ00）250gと塩少量は一緒にふるい、グラニュー糖10gを混ぜて山にし、頂点にくぼみをつけ、全卵1個、溶かしバター（無塩）40gを入れて混ぜ合わせ、ぬるま湯60㎖を少しずつ加えてタリアテッレの生地より柔らかめに練る。りんご（酸味のあるタイプ）1.2kgは皮をむき、芯を取り除いて薄く切り、天板に並べる。180〜200℃のオーブンで10分間乾燥焼きする。
2. 1の生地を20分ほど力強く打ちつけて練り、よくのびるようになったら丸めてぬれ布巾で包み、温かく風が通らない場所で30分間休ませる（乾燥に注意）。
3. 休ませた生地を6〜8等分にしたら、乾いた布巾（幅55㎝×65㎝）を広げて打ち粉をし、その上で生地を麺棒で5mm厚さの長方形にのばして、溶かしバター80gを刷毛で塗る。
4. 生地の手前を3〜5㎝空けてりんごを帯状に並べ、その上にぬるま湯につけて柔らかくして水気をきったレーズン、松の実各50g、レモンの皮（すりおろし）1個分、パン粉120g、グラニュー糖150g、フライパンにバター50gを溶かしきつね色に炒めたパン粉、シナモン適宜を散らす。
5. 布巾を持ち上げながら端から生地をのり巻きの要領で巻いていく。
6. オーブンシートを敷いた天板にのせ、180℃のオーブンで1時間ほど焼く。焦げそうなら途中で上にアルミ箔をかぶせる。粗熱が取れたら粉糖を適宜ふり、6〜8個に切り分ける。

【トレンティーノ＝アルト・アディジェ州】

ただものではない堅さに仰天。
ライ麦ベースの極薄堅焼きパン

# シュッテルブロット
## Schüttelbrot

山岳地生まれのパン

　ローマ生まれのアントニオをもてなすのには気を遣う。単なるサラダの調味にも、ああでもない、こうでもないとやかましい。だがウイットに富んだ批評には、いつも妙に納得させられてしまう。

　そんな食にこだわるアントニオの、最近のお気に入りがシュッテルブロット。オーストリアと国境を接するトレンティーノ＝アルト・アディジェ州のパンである。州の公用語はイタリア語にドイツ語、またラテン語に近いラディーナ語も話される、イタリア国内でもちょっと趣を異にする地域だ。そんな独自性のある気風から、パンにも伝統的に個性の強いものが多い。

　アントニオによれば、仕事でアルト・アディジェへ行った時に、黒っぽい円盤状のパンを見つけ、パン店の主人に名前を聞いてみたという。だがイタリア的ではない名前に、よく聞き取れず、それでもひとつを買って食べるとなかなかいける。それに味をしめて、訪れるたびにまとめ買いをするようになったそうだ。

「アルト・アディジェに行ったら試してごらん。出合ったことがないような噛み心地で、じっくり味わえるパンなんだ」

北イタリア／トレンティーノ＝アルト・アディジェ州

　州のすべてが山岳地帯のアルト・アディジェ。昔は冬ともなると降り積もる雪のため、何ヶ月も往来が閉ざされてしまう村もあった。そんな時でも十分保存ができるということで親しまれてきたのが、このシュッテルブロットなのである。
　ドイツ語のこの名前は、イタリア語に訳せば「パーネ・スコッソ（衝撃を受けたパン）」、あるいは「パーネ・ズバットゥート（叩かれたパン）」。その意味は、作り方からきている。
　ライ麦粉に小麦粉を10％以下の割合で混ぜ、水、イースト、塩を入れ、そこにフェンネルやクミンシード、アニス、香草などを加え、練って発酵させる。発酵段階が2/3まで進んだところで生地を小さく丸め、大理石の台に叩きつける。この工程が名前の所以である。
　大の男が力強く叩くと、見事に平たい皿のようにのびる。直径10〜30cmの円盤状にして、残り1/3の発酵を終えてから石窯に入れると、ところどころがプクプクと膨らみ始める。焼き上がったら完全に水分を飛ばすため、「ラストゥレッリエーレ」に立てて並べる。こうすると6ヶ月は十分保存できる。ラストゥレッリエーレは「水切り用の食器立て」のような、間隔をあけて仕切られた木製の道具である。こうしてクラムのほとんどない、クラストだけの堅いパンができあがる。
　アントニオから"カリカリ食べて楽しむ"パンと聞いてはいたが、ミラノの店で見つけてさっそく試してみると、堅焼きせんべいの比ではない歯応えにビックリ。この堅さはただものではない。翌日、お店のシニョーラ（マダム）に、どのようにして食べるのかを恐る恐る質問してみた。「いつもスペック（特産のスモークした生ハム）と食べるのよ。もちろんパンはそのままで。でも丈夫な歯が必要ね」。こちらの不安そうな顔を見ると、すかさず「これからの季節だったらスープに入れてもいいのよ」。
　ところが、驚いていた堅さに慣れてしまうと、次第に噛み締めるおいしさに引きずり込まれてしまった。とはいえ、寒さの増す季節には、ポルチーニのたっぷり入ったスープに入れてソフトなシュッテルブロットも試してみよう。

TRENTINO-ALTO ADIGE

【トレンティーノ＝アルト・アディジェ州】
ライ麦と硬質小麦で作る、
栄養豊富でスパイシーな風味が人気

# パニョッタ・プステレーゼ
## Pagnotta pusterese

山岳地帯の個性的なパン

　このところミラノのパン店やスーパーでも、普通の小麦粉だけでなく、全粒粉やライ麦、カラス麦、大麦などをミックスした黒いパンをよく見かける。
　色白のパンに比べて豊富なビタミンやミネラル、それに今の食生活に不足しがちな食物繊維も多く含む。それが健康志向の大きな流れにのり、ダイエットや美容のためのみならずグルメな人々も気にする存在になってきた。もともとは北部の山岳地帯で親しまれていた素朴な黒パンが、都会のヘルシーブームで注目され始めたということらしい。
　パニョッタ・プステレーゼもそのひとつ。薄い丸形で、ゴツゴツした厚めのクラストとは対照的に、茶色のクラムはみっしりソフトな食感。口に含むと、初めにスパイシーな香りがはじけ、次に乾いた干し草の心地よい匂いが続く。目を閉じると牧歌的な田園風景が広がるような独特な個性のある味わいだ。
　パン生地は、ライ麦粉と硬質小麦粉（リマチナータ粉）を2:1で配合した粉を使い、発酵だね「パスタ・アチダ」、水、塩、そしてフェンネルシード、クミン、コリアンダー、トゥリゴネッラを加えて練る。トゥリゴネッラは近くの山に自生する豆科の野草で、小さな黄色い花を咲かせ、混ぜ合わせるスパイスとともにパンに風味を与え、まるで農園の穀倉庫の中にいるような香りを醸し出す。そこにパスタ・アチダもほのかな酸味で味わいを深める。その特徴的な味のパニョッタ・プステレーゼは、みんなと仲よしにはなれないが、一旦相性のよい食材と出合うと、思わぬおいしさに気付かせてくれるパンである。

北イタリア／トレンティーノ＝アルト・アディジェ州

TRENTINO-ALTO ADIGE

【トレンティーノ＝アルト・アディジェ州】

ライ麦の風味とフェンネル、クミン等の
スパイス香に包まれたソフトパン

# パアル
## Paarl

山岳地帯のライ麦パン

---

　パアルは、方言で「カップル＝対の２つのもの」の意味。実際、小さな円盤状に丸めた生地を２つくっつけた形をした、オーストリアと国境を接するイタリア北東部トレンティーノ＝アルト・アディジェ州、ヴェノスタ渓谷のパンである。

　外側は薄く柔らかなベージュのクラストで、ちぎると茶色のソフトな中身が見えてくる。そしてプーンと鼻を刺激するフェンネルシードの香り。口に含むと酸味のある独特の風味が広がり、もちっとした柔らかな食感だ。

　昔からこのヴェノスタ渓谷は「チロル地方の穀倉地帯」と呼ばれ、ライ麦栽培が盛んに行われてきた。ライ麦は低温小雨の気候や痩せた土地でも栽培できる。そのため、ここの人たちには、ライ麦は重要な作物だった。そもそもこの一帯は寒冷で、夏でも氷壁が残る。多くの画家や詩人たちにインスピレーションを与える自然にあふれ、深く澄んだ青空の陽の光にきらめく氷は、たとえようもない美しさだ。

　そんな環境で育つライ麦から、このパアルは作られる。前日から発酵させたベースの生地に、ライ麦の全粒粉と小麦粉を7:3の比率で混ぜ合わせ、水、塩、フェンネルシード、クミン等のスパイス、トゥリゴネッラ等の地元の香草を加えて練る。このスパイスと香草の種類や配合はパン店ごとに違い、それぞれに工夫が凝らされている。発酵をすまし、分割して直径10〜30㎝の円盤状にしてふたつを１組に。これを布の上においてさらに発酵させ、230℃のオーブンで焼き、出来上がる。

【フリウリ=ヴェネツィア・ジューリア州トリエステ】

ドライフルーツとナッツの渦巻きパン菓子

# グバーナ
## Gubana

クリスマス菓子

　グバーナはぷっくりとして、大きなかたつむりのような形をした焼き菓子。イタリア半島の付け根の東の端、フリウリ=ヴェネツィア・ジューリア州で生まれたドルチェである。

　この州は小さいながら、北はアルプス連峰でオーストリアと、東はスロヴェニアと国境を接し、南は地中海に面している。つまり長い間、華麗なヨーロッパの名門ハプスブルグ家と質実剛健なスラブ民族の影響を受け、ラテンの陽気な心もほんの少し混ざり込んだ文化融合地帯である。

　そのフリウリの、緑美しい山の合間を流れるナティソーネ川の渓谷がグバーナの故郷である。山あいの貧しい農家のマンマがクリスマスを祝うテーブルに甘いお菓子が欠けていることに気づき、家にあったあり合わせの材料――小麦粉、卵、はちみつ、くるみで作ったのがグバーナの始まりとか。名前はスロヴェニア語の「折った部分、ひだ」という意味の「グバ(guba)」がなまってイタリア語化し、グバーナに。

　さかのぼること1409年、法王グレゴリオ12世が地元を訪問した際の72品も並んだ晩餐会メニューに載ったという記録もあるほど、長い長い歴史を持つお菓子だ。今ではクリスマスだけでなく、大切な祝い事や復活祭、結婚式にも欠かせないドルチェになっている。

　グバーナは、まず中に入れる甘いナッツ類から準備する。レーズン、くるみ、松の実とバター、アマレッティを刻み、リキュール、スパイスを加え、混ぜ合わせ味を馴染ませる。その翌日、包み込む発酵生地に取りかかる。小麦粉と卵、グラニュー糖、牛乳、イーストを混ぜて捏ね、休ませる。そこに更に小麦粉、バター、グラニュー糖を加え、

北イタリア／フリウリ＝ヴェネツィア・ジューリア州

休ませて、と2回発酵させることにより、ふんわりした生地に仕上げる。形作りは、生地を長方形にのばして詰めものを広げ、長い辺を軸にして巻き込む。巻物状の生地をかたつむりの殻のように中心からぐるぐると巻いて丸い型に入れ、2倍に膨らむまで発酵させ、卵白を塗ってグラニュー糖をふりかけ、オーブンに入れて焼く。

ワンポーションずつ中心からナイフを入れて切り分けると、側面に渦巻き状の詰めものがきれいに見える。焼きあがりの温かいうちが食べごろだが、冷めてしまってもオーブンで温め直すと、ふんわりかぐわしい香りとナッツの風味が豊かによみがえる。

日頃から、フリウリ出身のブルーノに「グバーナを食べなければイタリアのドルチェは語れないよ」とお国自慢を聞かされていたが、やっとお目当てのグバーナに出会えて納得した。それにお菓子の風格も、同じクリスマス菓子のパネットーネに勝るとも劣らない。

「これには、フリウリ在来のぶどう品種で造るコクのある甘口の白、ラマンドロを冷やして合わせるのが最高」とブルーノ。華やかで甘くスパイシー、お酒の香りの効いたグバーナは、さすがにフュージョンな空気の中で時代を生き、愛され続けたドルチェだけのことはある。

## 材料と作り方

〈前日〉詰めものを準備する。ラムにレーズンを漬ける。小鍋にグラニュー糖と水、酢を入れてカラメルを作り、くるみを加えてからませ冷ましておく。バターを溶かし、松の実を加えて混ぜ合わせ冷ましておく。アマレッティとビスケットを粗く砕く。カラメルをからませたくるみと、残りのくるみを粗く刻む。容器にアマレッティとビスケット、水気をきったレーズン、バターと松の実、すりおろしたレモンの皮、塩、グラニュー糖を混ぜ、グラッパ（またはアニス風味や柑橘類のリキュール）を加え更に混ぜ合わせて、涼しいところに約1日置いて味を馴染ませたあと、くるみとカラメルを混ぜ合わせる。

〈当日〉ボウルにふるった小麦粉（タイプ00）と、温めた牛乳で溶かしたイーストを入れ、グラニュー糖、全卵と卵黄、塩を加え混ぜ合わせる。丸めてラップで覆い、1時間ほど発酵させて約2倍に膨らませる。そこに、小麦粉（タイプ00）、室温にしたバター、グラニュー糖を加え、よく混ぜ合わせて30分ほど発酵させる。

生地を20×50cmの長方形に麺棒でのばし、詰めものをのせてところどころにバターをのせる。両端から中身が出ないようにして、長い辺を軸に巻物状に巻く。バターを塗った直径22cmの型の中央に、巻いた生地の端を置き、その周りに生地をかたつむりの殻のようにグルグルと巻き、端は下に巻き込む。2倍になるまで約2時間、発酵させる。表面に卵白を塗り、グラニュー糖をふって、160℃のオーブンで約1時間焼く。

### memo

◆ 詰めもののナッツ類に他のアーモンドやヘーゼルナッツ、またフルーツの砂糖漬けを加えてもおいしくできます。

FRIULI-VENEZIA GIULIA
Trieste

【フリウリ＝ヴェネツィア・
シューリア州トリエステ】

濃厚なナッツとレーズンの詰まったパイ

# プレスニッツ
## Presnitz

復活祭のお菓子

　北イタリア最東端の港町トリエステ。ここの銘菓にプレスニッツがある。長いソーセージ状のパイをぐるりと巻いた形はキリストのいばらの冠に似せたというもので、宗教的な香りを漂わせている。

　実際、以前はキリストの復活を祝う復活祭の菓子として作られていたが、今では一年中パスティッチェリーアの店頭を飾り、トリエステの人々に親しまれている。また、日持ちがよく、甘い詰めものがみっちりと詰まって持ち運んでも崩れにくいため、ツーリストの格好のおみやげにもなっている。

　中身は米粒大に刻んだくるみと松の実などのナッツ類、はちみつ、レーズン、すりおろしたレモンの皮など。これを薄くのばした折りパイ生地で包み、ソーセージ状に形を整え、表面に卵黄を塗りオーブンで焼く。

　濃厚な木の実とレーズンの豊かな味わいがあるが、カロリーもまた十分にありそうだ。
「食べるときは薄く切って、デリケートでバランスのよいフリウリ産の甘口デザートワイン、ピコリットを合わせてください。リッチでも乾いた感じのプレスニッツとはぴったりですよ」
　こう説明してくれたのは、トリエステの老舗パスティッチェリーア「ピローナ」のオーナーで、菓子職人でもあるセルジョ・デマルキ氏。
「その昔、トリエステはオーストリア帝国の支配下にあり、第一の港として長い間栄えていました。ここには名門パスティッチェリーアも多かったんです」

北イタリア／フリウリ＝ヴェネツィア・ジューリア州

　そう言われて、ウィーンの菓子店のショーウィンドーに隙間なく並べられていた、美しいデコレーションケーキを思い出した。1900年代初頭までは、トリエステでも華やかな宮廷で愛されたお菓子の数々がもてはやされていたそうだ。それが国家間の軋轢からお菓子どころの騒ぎではなくなってしまったらしい。

　だが、そんな苦境を乗り越えて「ピローナ」は今に続いてきた。簡素ながら歴史を感じさせるその店をピローナ一家から引き継いだのがセルジョさんである。そのとき、彼は決して伝統的な作り方は変えないと文書で契約を交わしたという。

「ただ、作り方は同じでも、素材は吟味してよりよいものに変えています。くるみは南のソレントから、レーズンは嫌みのない甘さのものをオーストラリアから取り寄せているんですよ」

　形のいわれからして、このプレスニッツには相当古い歴史がありそうですね、と質問を向けると、

「以前、町の歴史家と調べたら、ルーツはハンガリーらしいということがわかりました。でも、考案された時代ははっきりしません。昔、うちのひいおばあさんも作っていたから、それくらい古いことは確かなんですがね」

　と、真面目に答えてくれた。

---

**材料と作り方（作りやすい分量）**

〈パイ生地〉台の上に小麦粉（タイプ00）250gと塩少量を山にし、少しずつ水少量を加えながら山を崩し混ぜ、均一な柔らかい生地にし、濡れ布巾をかけて30分休ませる。麺棒で生地を1cm厚さの長方形にのばし、冷蔵庫で30分休ませる。中央に常温に戻し表面に粉少量をふったバター（無塩）250gを置き、生地で包んで麺棒でのばし、三つ折りにして、冷蔵庫で30分休ませる。生地を逆方向にのばし、4つ折りにして、冷蔵庫で休ませる。同じ作業をあと2回くり返して、冷蔵庫で各々30分休ませる。

〈詰めもの〉くるみとヘーゼルナッツ各300gと松の実100gを粗く刻み、ビスケット100gは細かく砕く。レーズン200gはお湯で洗い、水につけて戻す。ボウルにナッツ類、ビスケット、水気をきったレーズンを入れ、グラニュー糖200g、常温に戻したバター（無塩）100g、溶きほぐした全卵2個、はちみつ大さじ1、バニラエッセンス、ラム大さじ2を加え混ぜ合わせ、すりおろしたレモンとオレンジの皮各1個分を加え混ぜ30分おき、味を馴染ませる。

〈成形〉生地を薄く長方形にのばし、その上に細長い棒状に成形した詰めものを置き、生地を巻き、両端をつけて詰めものが出ないように留め、いばらの冠に似せて渦を巻くように成形する。表面に卵黄1個分を刷毛で塗り、180℃のオーブンで40分ほど、色づくまで焼く。

*memo*
- レモンとオレンジの皮の代わりに、オレンジやシトロンの砂糖漬けを加えても。
- ビスケットの代わりに、ほぐしたスポンジ生地を加えてもおいしい。

FRIULI-VENEZIA GIULIA

【フリウリ=ヴェネツィア・ジューリア州】
ふっくら生地の揚げ菓子

# フリッテッレ
## Frittelle

謝肉祭のお菓子

---

　友人のルイーザを訪ねると、いつもフリッテッレをごちそうしてくれる。小さなボール状に丸めた生地を油で揚げたこのドルチェ、おしゃべりの合間についつい手がのびてしまう。
　フリッテッレは地元フリウリの方言で「フリットレ」とも呼ぶ。1785年に出版されたガエターノ・ザンピーニの本には、フリットレを揚げる屋台「フリットラーリ」が町角でフリットレを売っていたと載っている。ずいぶん長い間、愛され続けているドルチェなのである。フリッテッレはミラノではトルテッリとも呼ばれ、中にカスタードクリームを詰め、謝肉祭が近づいてくるとパン店や菓子店に並ぶ。
　フリウリの実家のおばあちゃんから教わったレシピをルイーザ流に少し変えたというフリッテッレは、ふっくらとした生地にレーズンがたっぷり入っている。おばあちゃんのフリッテッレには他に角切りのシトロンピールや松の実も入っていたそうだ。ルイーザはまた、牛乳の代わりに卵を多めに入れて作る。それに小麦粉やベーキングパウダーを加えた生地にレーズンを入れる。これをボール状に丸めて揚げ、粉糖をふれば出来上がり。揚げたてはもちろん、冷めてからでも十分おいしい。
　「好みで粉糖にシナモンを混ぜてもよいし、生地に酸味の強いレネッタ種のりんごの角切りを加えても」とルイーザ。昔は謝肉祭の時期に限られていたが、今は一年中気軽に親しまれている。

北イタリア／フリウリ=ヴェネツィア・ジューリア州

謝肉祭といえばイタリアでは揚げ菓子を食べるのが習慣で、各地に様々な種類がある。豊かなバリエーションのあるこれらの揚げ菓子は、大きく3つのタイプに分けられる。ベーキングパウダーやイーストを入れてふっくらと揚げるもの、堅めの生地に揚げるもの、そしてフルーツやあらかじめ調理したポレンタやリーゾ（米）を、小麦粉ベースの衣で揚げるタイプである。

堅めの生地の代表格はキヤッケレ（→ p.58）やカルテッラーテ（→ p.156）、衣をつけるタイプは洋梨やりんごのフリッテッレ、ポレンタのフリッテッレ、リーゾのフリッテッレが各地にある。そして今回のようにふっくらさせた生地には、北ではドイツからやってきたカスタードクリームやジャム入りの大きな揚げドーナッツ「クラッフェン」があり、ミラノでも朝食に食べる人がいる。これが中部に行くとボンボローネと呼ばれ、生地だけを栗の大きさに揚げたカスタニョーレも有名である。一方南にはゼッポレ（→ p.150）があり、シチリアにはとろりと柔らかく発酵させた生地をピンポン玉大にして揚げる、スフィンジがある。

ミラノのマダムたちは365日フィットネスクラブに通い、スタイルを維持するのに余念がないし、昨今の食のトレンドはなんといってもライト志向である。でも、そんなカロリー計算はどこへやら。揚げ菓子人気にはかなり根強いものがある。

## 材料（作りやすい分量）

小麦粉（タイプ00）… 300g
ベーキングパウダー … 6g
塩 … ひとつまみ
グラニュー糖 … 40g
レモンの皮（すりおろす）… 1個分
溶き卵 … 200g
レーズン … 50g
ラム … 50ml
牛乳 … 約100ml
バニラ風味の粉糖 … 大さじ4
揚げ油 … 適量

## 下準備

- レーズンをラムにつけて一晩置く。
- 小麦粉をふるう。

## 作り方

1 大きめのボウルに小麦粉、ベーキングパウダー、塩、グラニュー糖、レモンの皮を混ぜ合わせて山にし、中央をくぼませて溶き卵を入れる。
2 山を崩すようにしながらフォークで混ぜ合わせる。
3 2にレーズンとラムを加えて混ぜ合わせたら、牛乳を少しずつ加え、混ぜ合わせてもったりした生地にする。
4 スプーンで生地をすくってボール状にし、中温の油で揚げ、クッキングペーパーで余分な油分を取り除き、粉糖をかける。

### *memo*

◆ 牛乳は加減しながら生地に加えてください。
◆ ラムを使いたくないときは、レーズンをぬるま湯につけて柔らかくして水気をきって入れます。

【北部一帯】

ヘルシー志向で復活の気ざしを見せる
素朴なとうもろこし粉のパン

# パーネ・ディ・マイス
## Pane di mais

田舎生まれのふだんのパン

　クラムがほんのり黄色いとうもろこし粉のパンは、イタリア各地で見ることができる。特に北部のヴェネト州を始め、ロンバルディア州やフリウリ＝ヴェネツィア・ジューリア州では「パーネ・ディ・マイス」と呼ばれ、昔から親しまれてきた。
　マイスとはとうもろこしのこと。アメリカ大陸発見によってヨーロッパに持ち込まれたが、イタリアでは"グラーノ・トゥルコ（トルコ小麦）"とも呼ばれている。16〜17世紀ごろに、遠方から来たものや黒ずんだものを"トルコ"と呼んでいた名残りである。ゆったりとした時間が流れていた昔の人々にとって、トルコはとても遠い存在だったのだろう。
　ロンバルディア州ではまた、その色合いから「パン・ジャッロ」——黄色いパンとも呼ぶ。一方、中南部のアブルッツォ州やモリーゼ州にもマイスを使うパンがあり、なかでもテラモ県で作られているパンはとうもろこしの粉しか使わない。とうもろこしの粉を熱湯に入れ一晩おいてから作り始める。小麦粉を混ぜて作る通常のとうもろこしパンと違い、生成りの布のようなザラッとした自然な風合いを感じさせる。
　一般的なパーネ・ディ・マイスの材料は、細かく挽いたとうもろこしの粉とその約2倍

の小麦粉。昔は天然酵母を使ったが、近ごろはイーストを使う。作り方はまず生イーストに少量の水と少しの小麦粉を入れて3時間発酵させ、とうもろこしの粉、小麦粉、水と塩を加える。生地をよく捏ね、発酵させ、生地が2倍に膨らんだらガス抜きをして成形する。これを更に20分間発酵させ、表面に斜めの切り目を入れて200℃のオーブンで60分間焼く。

これはフリウリ州生まれのマリア・グラッツィアから教えてもらったレシピ。「マンマに教わったもので、時間のある週末によく焼くのよ」とマリア・グラッツィア。とろ火で煮込んだ牛肉のワイン煮のソースなどに、少しボソッとした食感で、噛むほどに味わいが増す素朴な風味のこのパーネ・ディ・マイスがよく合うそうだ。

素材選びに厳しいミラノのレストラン「アイモ・エ・ナディア」でも、秋が深まるととうもろこしのパンを出してくれる。材料のとうもろこし粉は、収穫効率が低く、今では生産量の少ない在来品種オットフィーレを天日乾燥させ、石臼で挽いたもの。シェフのアイモは、この粉でポレンタから作り始める。ポレンタを煮上げ、粗熱を取ったものをパン生地に混ぜ込んで焼くのである。通常のパーネ・ディ・マイスより、口当たりはしっとり。ちょっとひなびた感じが、やはり濃厚な煮込み系のソースに合う。

素朴なマイスの風味を生かしたこのパンはアイモのお気に入りで、寒くなると食べたくなるのだそう。昔の貧しい時代を思い出すからか、またその素朴さからか、一時は凋落傾向にあったパーネ・ディ・マイス。でも昨今のヘルシー志向のパンとして、今また見直され、巻き返しを図りつつある。

VENETO

【ヴェネト州ヴェローナ】

"黄金"のパンの名をもつ人気菓子

# パンドーロ
## Pandoro

クリスマス菓子

　ミラノのパネットーネと並び、イタリアのクリスマス菓子の双璧をなすのが、ヴェローナのパンドーロ。発祥地のヴェローナは、不滅の愛の物語『ロミオとジュリエット』の町としても有名だ。秋風が冷たくなると全国のパン店、パスティッチェリーアといわず、スーパーにもパンドーロの箱が山積みされ、クリスマス気分をさらに盛り上げてくれる風物詩である。形も八角の星形で、山型の先端はないもののスラリとした円錐形。ちょうどモミの木の頂点を切ったようにも見える。

　オーロとはイタリア語の「金」。パンドーロは「黄金のパン」というゴージャスな意味である。中身は濃い黄色、まさに黄金色をしている。これは生地に、ぜいたくに卵黄とバターを使っているから。焦げ茶色の緻密な表面と対照的な、柔らかいバニラの香りのする中身は、ふんわりとしていくらでも口に入る。

　『I dolci（ドルチェ）』の中で、著者フェルナンダ・ゴセッティは、「レシピを読んでから、自分で作るのをあきらめて、町のおいしいパスティッチェリーアへパンドーロを買いに行ったとしても私は驚かないわ」と記している。さあパンドーロを作ろうと意気込んでレシピを読み始めたところで、あまりの面倒くささにあきらめたとしても不思議ではないという。

　その難易度の高いレシピとは──生地を発酵させながら3回に分けて材料を混ぜて

は練り、そのうえ何回も休ませながら生地をのばしては折るという手間のかかるものだった。最後の発酵が終わってオーブンで焼くときにも、途中で温度を下げる等と手間がかかる。

材料は小麦粉、グラニュー糖、パスタ・マードレと呼ばれる天然酵母だね、たっぷりの卵とバター、バニラ、仕上げに上から雪のようにふりかける粉糖。

パンドーロは、1894年10月14日に、お菓子職人のドメニコ・メレガッティが正式に当時の特許を取ったことからはじまる。独特の形状は、地元の印象派画家アンジェロ・ダローカ・ビアンカのアイデアで、以来ヴェローナの人々に親しまれて来た。

元々パンドーロは、「ナダリン」と「パン・デ・オーロ」というふたつのヴェネト地方のドルチェが合体してできたもの。ナダリンはヴェローナの家庭で作られていたドルチェで、小麦粉、バター、砂糖、卵、バニラをイーストで膨らませ、松の実を加えて焼いたもの。一回だけの発酵でオーブンに入れるので手間が省け、パンドーロよりも作りやすい。

一方のパン・デ・オーロは、その昔ヴェネツィア共和国の時代に、貴族のディナーのフィナーレを飾ったデリケートな焼き菓子で、黄金色の金箔をのせたドルチェである。その時代のヴェネトは東方貿易で栄えていた。食卓にはスパイスをふんだんに使った料理が並び、その締めくくりとして華やかなパン・デ・オーロが登場していたのだろう。

## 材料と作り方

ぬるま湯でパスタ・マードレ(天然酵母だね)とグラニュー糖を溶かし、小麦粉(タイプ0とマニトバ粉)、卵を加えよく混ぜる。バターを少しずつ加えてなめらかな生地にし、2倍に膨らむまで一晩発酵させる。小麦粉、卵、グラニュー糖、バニラビーンズ、塩を加え混ぜ合わせる。台に叩きつけながら練り、バターを塗ったボウルに入れ、2倍になるまで4～5時間発酵させる。その後、冷蔵庫に30～40分入れて休ませ、台で更に練り、麺棒で長方形にのばす。表面に薄く切ったバターを置き、折りパイ生地の要領で、生地でバターを包み、麺棒でのばし、向きを変えながら3回折り、折り目を下に集めるように丸める。表面にバターを塗り、パンドーロ型に折り目を上にして入れ、型の縁まで発酵させる。170℃のオーブンで30分、160℃に下げて20分ほど焼き、竹串を刺して確認する。オーブンから出し、型に入れたまま粗熱が取れたら、型から出して網の上で完全に冷ます。仕上げに、バニラ風味の粉糖をふりかける。

VENETO
Venezia

【ヴェネト州ヴェネツィア】

ビスコット（二度焼き）タイプのクッキー

# バイーコリ
## Baicoli

ふだんのお菓子

　イタリアには、地味で目立たないのに長い間地元に密着し、親しまれてきた菓子が実に多い。この簡素なバイーコリも、ヴェネツィアの人々が愛し続けてきた焼き菓子である。

　すでに東方貿易の時代には食べられていたというから、かれこれ500年近くの古い歴史がある。当時の貴族が集まったサロンでも、キプロス島やイーストリア（クロアチア、スロヴェニア領でイタリアと国境を接する地域）から届く甘いワインと共に、バイーコリが食後の菓子として供されていたという。また、控えめな甘さなのではちみつやジャムを塗って食べることもあったようだ。

　作り方は、いったん焼いた生地を切り分けて再びオーブンに入れるビスコット（二度焼き）タイプ。トスカーナ州の郷土菓子、カントゥッチ（→ p.106）によく似ている。ただバイーコリは均一な生地でかなり薄く、カントゥッチよりも洗練された感じの仕上がりである。

　まずは小麦粉とイーストで堅めの生地を作り2倍に発酵させ、さらに小麦粉、グラニュー糖、バター、卵白を加えて、力強く捏ねる。これを棒状にし、発酵させてから、180℃のオーブンで10分焼いて冷ます。

　ここで2日間も休ませる伝統的なレシピもあるが、一般には完全に冷めたら3〜4mmほどの厚さで斜めに切り分け、再び天板に並べて薄茶色になるまで、ビスコットする。

北イタリア／ヴェネト州

　出来上がったこの形が、このあたりの潟に棲む平たい小さな魚に似ていたため、ヴェネツィア方言の呼び名であるバイーコリという名がつけられた。

　すっかり水分を飛ばし、きちんと密閉すれば長期保存ができるので、東方貿易の盛んだったヴェネツィアの航海用食品リストには必ずこのバイーコリが載っていたそうだ。遠い故郷を思いながら味わうドルチェは、また格別なものだったに違いない。バイーコリは、そのシンプルさゆえ、海の男たちにも、またサロンに集まる高貴な人たちにも、幅広くヴェネツィア中で楽しまれてきた。

　今では全国的に、美しい化粧缶に入った工場産の保存のきく製品も出回っている。私も缶の美しさに惹かれて買ったのだが、ちょっとしたお茶うけに重宝している。

　そして世界中からツーリストが集まるヴェネツィアでは、今でもパン店や菓子店で自家製バイーコリを量り売りしてくれる。サンマルコ広場に面した1720年創業の老舗「カフェ・フローリアン」でも、ザバイオーネか温かいココアを注文すると、バイーコリが添えられてサービスされている。重厚な内装の店内で、バイーコリをつまみながらヴェネツィア共和国の華やかなりしころに思いを馳せるのも、一興かもしれない。

## 材料（作りやすい分量）

- 小麦粉（タイプ00）… 400g
- 牛乳 … 100mℓ
- バター（無塩）… 50g
- グラニュー糖 … 50g
- 卵白 … 1個分
- 生イースト … 15g
- 塩 … 適量

### 下準備

- バターは常温にし、柔らかくする。
- 卵白は、軽く泡立てる。
- オーブンを180℃に温める。

## 作り方

1 牛乳を人肌程度に温め、イーストを入れて溶かす。

2 小麦粉150gを山にして中央にくぼみをつけ、**1**を入れ混ぜ合わせてまとめ、十字に切り込みを入れる。粉（分量外）をふったボウルに入れ、濡れ布巾をかけて2倍ほどに膨らむまで発酵させる。

3 残りの小麦粉とバターを混ぜ、グラニュー糖、塩を加え、卵白を入れ更に混ぜ合わせる。

4 ふたつの生地を混ぜ合わせ、約15分捏ねて均一な生地にする。4等分して直径4cmの棒状にし、シートをのせた天板におき、濡れ布巾をかけて1時間半、更に発酵させる。

5 180℃のオーブンで10〜15分ほど、ほんのり色づくまで焼き、粗熱が取れたら布をかけ完全に冷ます。

6 3〜4mmの厚さに斜め切りして、160℃のオーブンで10分ほど、全体が薄いベージュ色になるまで焼く。完全に冷ましてから、密閉容器に入れ保存する。

### *memo*

◆ 生地にお好みのスパイスを入れてもおいしい。

VENETO
Treviso

【ヴェネト州トレヴィーゾ】

菓子店には
ほとんど並ばないドルチェ

# ティラミス
## Tiramisù

創作伝統菓子

　イタリアンドルチェの中で、日本で一番知られているのはティラミスではないだろうか。こくのあるチーズのクリームと、コーヒーを含んだビスケット生地とが絶妙なハーモニーを見せるソフトなドルチェ。今では地方菓子というにはためらうくらい、全国で親しまれている。

　このお菓子はもともとヴェネト州で生まれた。川面に映る町並みの美しいトレヴィーゾの旧市街の真ん中で、古くから続くレストラン「ベッケリーエ」が発祥の店である。「1960年代に祖母アントニエッタと母アルバの二人のアイデアで生まれたドルチェです」というのは創業者一家のカルロ・カンペオール氏。

　元祖ベッケリーエのティラミスは、卵黄と砂糖、マスカルポーネチーズを泡立て器で混ぜ合わせ、もったりしたクリーム状にしたものがベース。これをいくらか器に敷き、サヴォイアルディ（→p.12）をコーヒーに浸して並べ、その上にマスカルポーネのクリーム、コーヒーに浸したサヴォイアルディと繰り返し重ね、最後にマスカルポーネクリームを塗ってココアパウダーをふりかければ出来上がり。

　「このドルチェは小さい子どもやお年寄りに滋養をつけさせるために作ったので、リキュールは入れません」

　"エネルギーいっぱい元気になるように"との意味合いを込めてつけた名前がティラミス（私を上へ引き上げて。イタリア語の発音ではティーラミ・スー）。ちょっと風変わり、でも覚えやすいネーミングのドルチェはたちまちトレヴィーゾから全国へ広まり、さらには海外へ。

# 北イタリア／ヴェネト州

ところが、ルーツはヴェネトではなくフリウリ＝ヴェネツィア・ジューリアと唱えるクララ＆ジジ・パドヴァーニ夫妻の『Tiramisù（ティラミス）』という本が出版され、ヴェネト州知事も困惑顔だ。その本によると、ルーツはシエナとも、トリノとも。でも著者たちがいろいろ検証した結果、フリウリの、トルメッツォのレストラン「アルベルゴ・ローマ」のノルマとベッピーノ夫妻の創り出した菓子なのではないか、とされている。諸説紛々なこのドルチェの生まれは、いずれにしてもイタリアの北東部なのは確かなようだ。

イタリアでは、ティラミスを菓子店で見かけることは少なく、スーパーの惣菜コーナーの冷菓として、あるいはレストラン、カフェ、ピッツェリーアで食べられ、またホームメイド菓子としても定着している。

以前、ウンブリア州テルニ生まれの友人アントニオに教わったティラミスは、確かリキュールが入っていたと思っていたが、気に入って何回も作るうちに自己流に変えてしまったらしい。しばらくして、当のアントニオに手作りのティラミスをごちそうしたら「僕のよりおいしい！ レシピを教えて」と言われ、てっきり彼に習ったとおりに作っていると思っていたのでびっくりした。

そういえば、トレヴィーゾ近くのレストランのシェフがシンガポールのイタリアンフェアに招待された際、メニューに入れた自慢のティラミスの作り方に、現地の料理人から自分たちが作るものとは違うと反論され、わざわざイタリアからレシピをFAXしてもらって納得させたと話していた。世界中に広まるにつれ、それぞれ仕様の異なるティラミスが生まれているのだろう。

---

### 材料と作り方（6〜8人分）

長方形の深めの容器にサヴォイアルディ（市販）250gの1/3量を隙間なく並べる。エスプレッソ250gにブランデー少量を加える。エスプレッソのうち1/3量をサヴォイアルディにかけてしとらせる。新鮮な卵黄3個を常温に戻し、グラニュー糖100gを加え、白っぽくなるまで泡立て器でよく混ぜ合わせる。そこに少しずつマスカルポーネ500gを加えて混ぜ合わせ、もったりしたなめらかなクリーム状にする。1/3量のマスカルポーネクリームをサヴォイアルディの上にのせる。その上に残りの半量のサヴォイアルディを並べエスプレッソをしとらせ、マスカルポーネクリームをのせる工程を2回繰り返す。最後にマスカルポーネクリームの表面にナイフで格子に模様をつけ、ココアパウダー大さじ2をふる。

### *memo*

- ◆ 作って最低一晩おきます。サヴォイアルディにマスカルポーネの水分が移り、エスプレッソも馴染んで、しっとりと口当たりなめらかになります。
- ◆ 卵白を泡立ててマスカルポーネに加える方法もありますが、マスカルポーネをそのまま使用した方が風味が生き、本来のおいしさが味わえます。
- ◆ エスプレッソに入れるリキュールは、ブランデー以外にもお好みのものを。

VENETO

【ヴェネト州】
本来の意味は「スリッパ」。
平べったい形が名前の由来

# チャバッタ
## Ciabatta

車好きが広めた日常パン

　皮が薄くパリッと香ばしく、中身がふんわりソフトなチャバッタ。イタリア語で「スリッパ」を意味するこのパンは、その名の通り平べったい形をしている。最近はイタリアだけでなく、ヨーロッパ各国をはじめアメリカでも人気。そして日本でも知名度を上げているようだ。

　チャバッタの生まれは、トレンティーノ＝アルト・アディジェ州の山岳地帯で、ライ麦や小麦の全粒粉を配合して焼いていたのが始まりとも、ミラノの北にあるコモ湖周辺からともいわれている。コモ湖説はミラノっ子が大好きなパン、ミケッタ（→p.62）の生地を、職人がうっかりしてオーブンに入れ忘れ、翌日水を加えて練り直し、焼いたのが始まりというもの。思いがけない失敗から人気商品が生まれることは往々にしてある。

　ともあれ、このチャバッタを広めた重要な人物がヴェネト州にいる。ロヴィーゴ県にあるアドゥリエージ製粉会社のアルナルド・カヴァラーリさんだ。アルナルドさんは、車の世界ではちょっと知られた人らしい。ランチャやアルファロメオに乗り、ラリーのレースでタイトルをいくつも手にしたことがある。だが家業を継ぐことになり、彼によれば「運よく」、パン作りに車以上の魅力を発見した。

北イタリア／ヴェネト州

　おいしいパンのため、そのもとになる粉作りに没頭する日々が続いた。そして1982年、フランチェスコ、アルフィオ、マッテーオという3人のパン作りのエキスパートの協力を得て、ふんわりソフトな香ばしいチャバッタを作り出した。これには地域名を添えて「チャバッタ・ポレザーナ」とネーミングした。

　このチャバッタのおいしさはすぐに評判となり、地元のパン店から一気に全国に広まっていった。それまで、地方パンはそのテリトリーを守り郷土の食を支えるだけだったが、ここに地方を超えてイタリアを代表する新しいパンが生まれたのである。

　このふんわりソフトな食感は、粉の量に比べて通常より水の量が多く入ること、それに長い発酵時間をかけることによる。イーストを加えてから、予備発酵に丸1日もかける。捏ねたパン生地はことのほか柔らかいため、やさしく扱いながら成形して、更に発酵させ、240℃のオーブンに入れ、蒸気をかけて焼く。切り目はつけない。

　「今は更に試作を続けて、我が社独自のイタリア・ウーノ（イタリア1番）という小麦粉でチャバッタ・イタリアを作っています」とアルナルドさん。グルテンが豊富なイタリア・ウーノは長時間かけて発酵させるのに適し、多量の水分を含んでよりソフトに焼き上がる。

　全国には、単にチャバッタという名で、いろいろなタイプの粉を使い、さまざまな方法で作られたものが出回っている。いずれのチャバッタにも共通しているのは、皮がパリッと薄く、中がソフトで、形が平べったいことである。ミラノのドゥオーモ近くのパン店の棚にもチャバッタが並んでいる。食事用の大きなチャバッタのほか、小型のチャバッティーナはサラミや生ハムを挟むパニーノ用として好評だ。

　ソフト志向が進行するなか、とりわけふんわり度の高いチャバッタの人気は依然衰えをみせていない。

EMILIA-ROMAGNA

【エミリア＝ロマーニャ州】

タルト生地にジャムを
詰めた焼き菓子

# クロスタータ
## Crostata

ふだんのお菓子

　イタリアのどの町のパスティッチェリーアでも、またパン店でも、クロスタータをよく見かける。さっくりしたタルト生地（パスタ・フロッラ）にジャムを詰め、上にリボン状の生地をクロスさせたデザインが特徴の焼き菓子だ。

　今ではイタリアを代表するお菓子だが、「元はエミリア地方の銘菓なのよ」と、同地方パルマの友人ラウラは言う。「プラムのジャムで作るのが伝統的だけれど、あんずでもアマレーナ（さくらんぼうの一種）でもよく作るわ」。

　もちろん、ジャムは彼女の手作り品。ホームメイド菓子としても定着しているドルチェである。形は丸か長方形、大きさはいろいろだ。小さなポーションのクロスタータは「クロスタティーナ」と呼ばれ、甘いもの好きなイタリア人の朝食や、子どものおやつとして人気がある。

　クロスタータのポイントは何といってもタルト生地にある。その生地は、小麦粉にバターと卵黄を加えて作る。クロスタータ独特のサクサク感のある生地にするには、手早く粘りが出ないように作業する。手際のよさが重要なのだ。その生地を型に薄くのばし、好みのフルーツジャムを塗り、リボン状にした生地でお化粧して、オーブンで焼く。

　焼きたてより、翌日か翌々日のほうが味が馴染んでさらにおいしい。口の中でもろく崩れ、溶ける生地と、味が凝縮されたフルーツの甘酸っぱいジャムがほどよいハーモニーとなる。シンプルだが、吟味された材料で正しく作られたクロスタータは忘れがたいおいしさだ。

北イタリア／エミリア＝ロマーニャ州

　古くから親しまれているこのクロスタータ、その名前は1570年に出版された著名な料理書『Opera（オペラ）』にも載っている。この本は、法皇庁のお抱え料理人だったバルトロメオ・スカッピが残した六部作のレシピ集。ハムや鳩肉を使った塩味バージョンのクロスタータや、桃、あんず、プラムを使った甘味バージョンのクロスタータと種類も豊か。ただし甘味でも、すりおろしたチーズやナツメグ、シナモン等のスパイスを使った複雑な風味のクロスタータである。それらが時を経て簡素化され、今日のクロスタータになったようだ。

　著者のスカッピは州都ボローニャ出身の家庭で育ったとある。ラウラが言うように、エミリア＝ロマーニャ州から全国に広まったらしい。地方菓子の本にも、中～北部の州のお菓子としてジャムやリコッタ、カスタードクリーム入りのクロスタータなど数多くのレシピが出ていた。

　ミラノの老舗パスティッチェリーア「クッキ」でも、クロスタータが年間を通じて店頭を飾っている。伝統的なクロス模様の他、月や星形の飾りをつけたものや、丸形の半分がプラムで半分があんずという2種類のジャムを味わえるものもある。華やかさはないが、地道にしっかりと愛され続けているドルチェである。

**材料（直径26cmのトルタ型1台分）**
〈生地〉
小麦粉（タイプ00）… 300g
バター（無塩）… 150g
グラニュー糖 … 150g
卵黄 … 3個
レモンの皮（すりおろす）… 1個分
塩 … 少量
〈詰めもの〉
好みのジャム（プラム、あんずなど）
　　… 400g
溶き卵 … 1個

**下準備**
- 型にバター（分量外）を塗る。
- 小麦粉をふるう。
- バターを細かく切り、常温に戻す。
- 卵黄をほぐす。
- オーブンを180℃に温める。

**作り方**
1　小麦粉、細かく切ったバター、グラニュー糖、卵黄、レモンの皮、塩を混ぜ合わせて手早く生地にまとめ、ラップで包んで冷蔵庫で最低1時間休ませる。まとまりが悪い場合は卵黄（分量外）少量を加える。
2　生地を取り出し2/3を薄く円形にのばす。型に敷き入れ、余分な生地は切り落とす。
3　指で生地を押さえながら側面に沿って形を整える。焼くと少し縮むので、型の縁から生地が少しはみ出すようにするとよい。
4　生地にフォークでところどころに穴をあけ、焼いた時に持ち上がらないようにする。好みのジャムを均一に入れる。
5　残りの生地をのばし、リボン状に切り分けて格子に飾りをつける。
6　溶き卵を刷毛で表面に塗り、180℃のオーブンで30分ほど、全体によい焼き色がつくまで焼く。完全に冷めてから型から取り出し、切り分ける。

***memo***
◆ 1日おいた方が味が馴染んでおいしく食べられます。
◆ ジャムの他、マロンクリーム等を入れてもおいしい。

【エミリア゠ロマーニャ州】

お米のトルタ

# トルタ・ディ・リーゾ
## Torta di riso

行事のために生まれたお菓子

---

　近ごろは少なくなったというものの、イタリアの列車はよく遅れる。時には、駅でもない野原の真ん中で何の説明もなく停まってしまうこともある。そうなると、乗り合わせた行きずりの人と暇にあかせておしゃべりの花が咲く。その時もフィレンツェへ向かう列車の中だった。乗り合わせたボローニャに住む初老のご婦人が、地元の菓子について話してくれた。

「ボローニャの伝統的なドルチェはトルタ・ディ・リーゾ。家でもバールでも、小さなひし形に切ってつまむんですよ」

　リーゾは米、トルタ・ディ・リーゾはお米のケーキである。以前に聞いた、米を甘く煮るドルチェのことを思い出し、料理本を探してみた。子ども向けの柔らかいものからボローニャも含めてロンバルディア、トスカーナ、シチリア各州の郷土の米ケーキが10種類も載っていた。

　ボローニャのトルタ・ディ・リーゾは、米を牛乳で煮て、粉にしたアマレッティやアーモンドを入れ、冷ましてから卵を加え、オーブンで焼いて作る。最後にアーモンド風味のリキュール、アマレットをかけて出来上がり。冷めてから、小さなひし形に切ってサービスするとある。

　ところが、ボローニャを訪ねた折、駅から旧市街に向かってパスティッチェリーアをハシゴしてみたが、トルタ・ディ・リーゾはあってもひし形ではない。旧市街にある「アッ

北イタリア／エミリア＝ロマーニャ州

ティ」の店にも丸形と長方形のトルタ・ディ・リーゾが飾ってあった。
「食べる時に小さなひし形に切るのが習わしなんですよ。うちでは創業時からの伝統的なレシピで作っています」

1880年創業の老舗アッティのオーナー、パオロ・ボナーガさんは言う。

このドルチェは、甘くねっちりした米粒の歯応えとアーモンドの香りがちょっとばかりエキゾチックである。季節は米の収穫期の秋だと思っていたが、
「別名トルタ・ディ・アドッピ、装飾のケーキとも呼ばれていて、初夏の5月が季節なんです」

その昔、この土地では10年ごとに教区の祭りが催され、その年には教会をはじめ、教区内にある家々も修復や改装、飾りつけをしてハレの祭りのための化粧直しをした。その祭りの時に決まって作られたのが、このトルタ・ディ・リーゾなのである。

同じエミリア＝ロマーニャ州生まれで、"現代イタリア料理の父"と言われるペッレグリーノ・アルトゥージも、1891年に出版した名著『La scienza in cucina e l'arte di mangiar bene（料理における科学と良き食事の芸術）』の中でトルタ・ディ・リーゾを取り上げている。だがそれには、リキュールは生地に混ぜ、焼き上がりに粉糖をかけるとなっていた。

---

**材料（18cm×18cmの角形1台分）**

- 米（アルボリオ種）… 50g
- 牛乳 … 500ml
- レモンの皮 … 1/2個分
- グラニュー糖 … 125g
- 塩 … ひとつまみ
- アーモンドパウダー … 50g
- オレンジピール
  （またはシトロンピール）… 各20g
- 全卵 … 2個
- 卵黄 … 1個
- アマレット（リキュール）… 適量

**下準備**
- 型にバターを塗り、パン粉（ともに分量外）をまぶす。
- オレンジピールは細かく刻む。
- オーブンを170℃に温める。

**作り方**

1 牛乳、レモンの皮とグラニュー糖の半量を鍋に入れ、火にかける。沸騰したら米を加え、約20分煮る。
2 そこに塩、アーモンド、オレンジピールを加えて混ぜる。レモンの皮を取り除き、残りのグラニュー糖を加えて溶かしたら火から下ろす。
3 人肌に冷ましてから、割りほぐした全卵と卵黄を混ぜ合わせる。
4 型に流し入れ、170℃のオーブンで1時間ほど焼く。焼き上がったらアマレットを塗る。
5 完全に冷めたら型から取り出し、小さなひし形に切る。

*memo*
- アルボリオ種とは長粒の米の品種。水分を含みやすく、リゾットなどに向く。手に入らない場合は、他のイタリア米で代用を。
- レモンの皮は大きめにむいておくと、取り出しやすい。
- 出来上がりに好みでアマレッティの砕いたものをのせると、風味も加わりカリッとした歯応えも楽しめます。

EMILIA-ROMAGNA
Vignola

【エミリア=ロマーニャ州ヴィニョーラ】

コーヒー風味のチョコレートケーキ

# トルタ・バロッツィ
**Torta Barozzi**

創作伝統菓子

　古い歴史をもつイタリアの菓子の中で、このトルタ・バロッツィは1907年生まれの新顔ドルチェ。中部エミリア=ロマーニャ州のモデナ県、ヴィニョーラが故郷である。この町はバルサミコ酢のコンクールが毎年開かれるスピランベルトのすぐ近く、さくらんぼうの産地としても有名なところだ。

　町の中心地、中世の面影を残す城塞のそばに、元祖トルタ・バロッツィの店「パスティッチェリーア・ゴッリーニ」がある。思いのほかこぢんまりした店構えで、右手にバールのカウンター、左手がドルチェ売り場になっている。さっそくトルタ・バロッツィを注文すると、平たい長方形の箱を出してきた。

　ふつう、トルタというと平たい丸い形をしている。トルタなのに四角？　その疑問をオーナーにぶつけると「これもトルタです。発売当初からこの長方形でした」。文献を調べてみると、トルタはラテン語の「torquere」。"巻かれた"あるいは"すっぽり包まれた"という意味に由来する。そう、たしかにバロッツィはアルミ箔に包まれている。

　トルタ・バロッツィは、現在のオーナーの祖父エウジェニオ・ゴッリーニが考案した。日頃から研究熱心なエウジェニオは、何か新しいドルチェを作ろうと試作を重ねながら、顧客たちに味見をしてもらい、感想を聞き、ついに念願のトルタを作り上げた。それは、ナッツの香ばしさとかすかな苦みを残すチョコレート生地のドルチェ。しっとりとし

北イタリア／エミリア＝ロマーニャ州

　ていてもろく、甘みを控えた濃い褐色のトルタである。この自信作に、ヴィニョーラ出身のヤコポ・バロッツィを称えて「トルタ・バロッツィ」と命名する。バロッツィは、1500年代に活躍した建築家で、数多くの建造物を遺した町の誇りである。

　数々の材料は、ちゃんと箱に書いてある。では作り方は、と聞くと「企業秘密。20年ごとに特許登録を更新しています」との答えが返ってきた。秘密のレシピだが、このトルタの味を各家庭では、模索し続けていたようだ。モデナ出身のガブリエッレ曰く、おばあちゃんのレシピでは、モカ式コーヒーメーカーの抽出後のコーヒーの粉も入れるそう。そして「うちでは、マスカルポーネと小さく崩れたトルタ・バロッツィを混ぜて食べるのよ」と、おいしさ倍増の楽しみ方を教えてくれた。

　アメリカでラジオ番組をもっている料理ジャーナリストの友人リンは、「アメリカに持ち帰っていろいろ試し、ちょっと苦労したけどレシピ作りに成功したわ」と言っていた。日持ちのしないドルチェのため、アメリカまで持ち運んだ大量のトルタ・バロッツィを冷凍して味を比べながらの作業だったようだ。その成果は、彼女のエミリア＝ロマーニャ料理の本に載せているという。私もミラノに持ち帰ったトルタ・バロッツィを冷凍してレシピを模索しようと意気込んだが、早々に"味の手本"がなくなってしまった。

---

### 材料（作りやすい分量）

ビターチョコレート … 250g
グラニュー糖 … 150g
バター（無塩）… 80g
アーモンド（皮をむいたもの）… 100g
卵黄 … 4個
卵白 … 4個分
コーヒー（濃い目にいれたもの）
　　… 60mℓ（2杯分）
塩、ラム … 各適量
抽出後のエスプレッソコーヒーの粉
　（あれば）… 2杯分

### 下準備

・オーブンを180℃に温める。

### 作り方

1 チョコレートとバターを湯煎で溶かす。
2 アーモンドをフードプロセッサーで細かくする。
3 卵黄にグラニュー糖を加え、よく混ぜ合わせ、2のアーモンドパウダーを加え、1、コーヒーとコーヒーの粉、ラムを加える。
4 ボウルに卵白を入れ、塩を加えてハンドミキサーで固く泡立てる。
5 3に泡をつぶさないようにして4のメレンゲを混ぜ合わせる。
6 長方形の型にオーブンペーパーを敷き、5の生地を入れ、表面を平らにする。
7 180℃のオーブンで約30分焼く。

*memo*

◆ 高さが3cmほどの容器に生地を入れます。
崩れやすい生地なので、必ず容器にはオーブンペーパーを敷きます。

EMILIA-ROMAGNA

【エミリア＝ロマーニャ州】

ドライフルーツとナッツの
大判ビスケット

# スポンガータ
## Spongata

クリスマス菓子

　エミリア＝ロマーニャ州のクリスマスを祝う菓子といえばスポンガータ。この地方では、クリスマス・イヴやクリスマス当日だけでなく、聖シルベストロの日（大みそか）、主顕節の日（1月6日の救世主の御公現の祝日）と、年末年始の皆が集まる大切な祭日に欠かせない。ご馳走のあとで、アニス風味のリキュール、アニゼットと一緒にこの菓子をつまむのが伝統的"作法"である。

　スポンガータは、練りパイ生地にはちみつをベースにした詰めものを挟んで焼いたトルタで、その詰めものを昔は数日前から作り始めていたらしい。アンナ・ゴゼッティ・デッラ・サルダ著の『Le ricette regionali italiane（イタリア地方料理のレシピ集）』によると、20日前から始めてもよいとされているほどだ。

　詰めもののベースははちみつと白ワインで、これらを沸騰させてからナツメグ、シナモン、白こしょう、グラニュー糖と一緒につぶしたアーモンドを混ぜ、さらに松の実、刻んだシトロンピールとオレンジピール、くるみ、ヘーゼルナッツ、レーズンを混ぜる。これを涼しい所において馴染ませるのだが、この工程にも時間をかけていた。

　一方の練りパイ生地は当日に準備する。小麦粉、バター、グラニュー糖、塩を練って2つに分け、丸く薄くのばして一方に詰めものをのばしてのせ、その上にもう1枚の練りパイ生地をのせて縁を押さえ、円盤状のトルタに仕上げる。それを焼き上げ、粗熱が取れたら粉糖をかけて出来上がり。

　堅く締まった緻密なスポンガータは、しっかり包んで缶に密閉しておくと1ヶ月くらい

北イタリア／エミリア＝ロマーニャ州

は十分に日持ちする。シーズンともなると、当地の料理自慢の主婦たちはこの菓子作りに精を出すが、時間のない人たちには、伝統的なレシピを元に工房で作られたスポンガータが心強い味方である。最近見つけたルイジ・ベネッリ社のものもそのひとつ。ここは1875年から作り続けている老舗である。

でも、この菓子の歴史はとにかく古く、古代ローマ時代からという。ベネッリ社のオーナー、ファウスト・アルトーニ氏から「ネロ皇帝の友人、ペトローニオ・アルビトロ（ペトロニウス）の書いた小説『サテュリコン』にスポンガータと同じ材料の入ったトルタの記述があります」と説明され、どことなく古代の味覚が感じられるような気がしてローマの遺跡に思いを馳せていた。すると、「スポンガータの名が初めて文献に出てくるのは1454年。パルマの文書局の役人が、権力を誇っていたミラノ公国のフランチェスコ・スフォルツァにこの菓子を50個も献上したという記録が残っています」と言う。

歴史にも登場する重要な菓子だったのである。ベネッリ社のスポンガータは先に紹介したアンナ・ゴゼッティのレシピとは少々違い、中身にシトロンピールやオレンジピールが入らず、極上のはちみつとナッツ、スパイスを効かせている。アルトーニ氏いわく「ベネッリ社ではローマ時代のものを元に、ベネディクト修道院内で磨きをかけ、伝えられてきたレシピで作っています」。

いずれのスポンガータも、イタリアの人々にとって気づかずしてルーツを感じさせる懐かしい味のようである。

## 材料と作り方（直径22cmの丸型1台分）

1. 生地を作る。ふるった小麦粉（タイプ00）150gとバター（無塩）50g、グラニュー糖10g、塩少量と白ワイン（辛口）50gを混ぜ合わせて固めの生地にし、ラップで包んで冷蔵庫で1時間休ませる。型にバター少量を塗り、小麦粉少量をはたく。
2. 詰めものを作る。鍋にはちみつ（アカシア）100gと白ワイン（辛口）25gを入れて温める。
3. アーモンド、くるみ、ヘーゼルナッツ各25gと、松の実15g、プレーンラスク（またはビスケット）50gをミキサーにかけ粉状にする。
4. シトロンピールとオレンジピール各25gは細かく刻む。レーズン25gはぬるま湯につけて戻し、水気を絞る。2の鍋に、3とシトロンピールとオレンジピールとレーズン、シナモン、ナツメグ、こしょう各少量を入れ、なめらかになるまで混ぜ合わせ、火から下ろして3時間休ませる。
5. 1の生地を厚さ約3mmにのばし、直径24cmと22cmの円盤状にする。
6. 型に直径22cmの生地を入れ、詰めものを直径20cm大において平らにし、上に24cmの生地をのせ、周囲を押さえ1時間ほど馴染ませる。
7. 190℃のオーブンで20〜25分ほど焼き、全体に焼き色がついたら焼き上がり。網の上で完全に冷まし、アルミ箔に包んで、密閉容器で保存して3日後が食べ頃。食べる時に、上からたっぷり粉糖をかける。

EMILIA-ROMAGNA
Ferrara

【エミリア＝ロマーニャ州フェッラーラ】
スパイシーなチョコレートケーキ
# パンパパート
## Pampapato
修道院生まれのお菓子

　フェッラーラの銘菓といえばパンペパート。そう聞いて町を訪ねると、あちこちのパスティッチェリーアにそれらしきお菓子が並んでいた。表面がチョコレートでコーティングされ、平たいお椀を伏せたような形のドルチェである。でもよく見ると、「パンペパート」ではなく、「パンパパート」と書いてある。ペパートのほうはこしょう（ペーペ）のパンの意、パパートは法王（パーパ）のパンの意である。
「以前はパンペパートと呼んでいたようですが、このごろはパンパパートが主流ですね」
　そう説明してくれたのはフェッラーラの町の誇り、美しいカテドラルの目の前にある「レオン・ドーロ」のマルコ・パガネッリ氏。ルネッサンス時代に栄華を極めたエステ家の、かつての館を店にしたパスティッチェリーアのオーナーである。
　実際、パンパパートにはこしょうは入っていないそう。かけらをつまんでみるとスパイシーな複雑な香りのする生地で、緻密な堅めのチョコレートケーキだ。丸ごと入っているアーモンドが香ばしく、甘さを抑えた風味豊かな大人の味がする。
　発祥は1600年代、戒律が厳しく、修道院へは俗人の出入りが禁止され、修道女は外出禁止とされていたコルプス・ドミニ修道院。そこで、有名な宮廷料理人クリストフォロ・ディ・メッシスブーゴのレシピを元に、当時貴重だったチョコレートを加え、祭日になると修道女たちがひそやかにおいしいドルチェを作り、枢機卿や司祭に贈ったのが始まりである。「パパート」の名前は法王の頭にチョコンとのっている縁なし帽に

北イタリア／エミリア＝ロマーニャ州

　形が似ているからという説と、法王が訪れた際に献上し、大変喜ばれたからという説がある。
　いずれにしても、エステ家時代の宮廷でおおいにもてはやされ、事あるごとにつままれて、それが大衆にも広まりフェッラーラの銘菓となった。その昔、1ヶ月以上も続いた貴族の婚礼の宴でも、山と積まれたパンパパートが人気の的だったと伝えられているほどだ。
　1800年代のフェッラーラ料理のレシピ集によると、パンパパートの材料にはすでにこしょうは入らず、焼き上げてからチョコレートではなく、庶民的にカラフルなアラザンをふりかけるとある。「うちのパンパパートは伝統的なレシピで、シナモン、クローブ、八角、ナツメグ、コリアンダーなど十数種のスパイスを入れています。もとはクリスマス時期のドルチェだったのですが、今では一年中作っています」とマルコ氏。つまんでいたパンパパートに合わせるようにと、ピエモンテ産の甘口発泡性赤ワイン、ブラケット・ダックイをグラスに注いでくれた。
＊パンパパード・ディ・フェッラーラは、I.G.P.（→p.21）認定されている。

---

**材料（作りやすい分量）**
小麦粉（タイプ00）… 200g
はちみつ … 150g
アーモンド（皮をむいたもの）… 100g
オレンジピール … 100g
ココアパウダー … 70g
ベーキングパウダー … 小さじ 1/2
シナモンパウダー … 小さじ 1
ナツメグパウダー … 小さじ 1/2
クローブパウダー … 小さじ 1/2
ぬるま湯、塩 … 各適量
ビターチョコレート… 100g

**下準備**
・オーブンを160℃に温める。
・オレンジピールを細かく切っておく。

**作り方**
1　ボウルに、ふるった粉、ココアパウダー、ベーキングパウダー、スパイス類、塩を混ぜ、はちみつとアーモンド、オレンジピールを加えて混ぜ合わせる。ぬるま湯を少量加えて、少し堅めの生地にまとめる。
2　オーブンシートを敷いた天板の上に、生地を平たい半球形に整えて、のせる。
3　表面が乾きすぎないように小さなバットやココットなどに水を入れて一緒に天板にのせ、160℃のオーブンで50〜55分ほど焼く。焦げないように、35〜40分たったところで様子を見てアルミ箔をかけ、140〜150℃に温度を下げて残りの時間を焼く。
4　焼きあがったら、粗熱を取る。チョコレートを湯煎で溶かし、ゴムべらで全体に塗り、乾かす。

*memo*
◆ 完全に表面が乾いてからアルミ箔で包み、冷暗所で保管すると、1ヶ月は日持ちします。

EMILIA-ROMAGNA

【エミリア＝ロマーニャ州】

外はサクッ、中はモッチリの揚げパン。
サラミ類と食べるのが農家の典型的朝食

# ニョッコ・フリット
## Gnocco fritto

ふだんのパン

　秋も深まったある日、バルサミコ酢の原料、モストコット造りの取材のためにエミリア＝ロマーニャ州のモデナ郊外の農家を訪ねた。早朝から中庭で、大きな銅鍋に搾りたてのぶどう汁を入れ、薪をくべて煮つめていく。時々味見をしながら適切な濃度になるまで作業を続けていたが、一段落すると、大きな皿に生ハムやサラミを山盛りにして運んで来た。それには、ひし形の揚げパンをどっさり入れた籠が添えられていた。これがこのエミリア地方の名物、ニョッコ・フリットである。
　地域によってはピンチンとも、トルタ・フリッタとも、またクレシェンティーナ・フリッタとも呼ばれ、広くエミリア地方で親しまれているパンだ。このニョッコ・フリットと一緒にサラミと生ハムを食べるのが、この一帯の農家の典型的な朝食なのである。朝から揚げもの？　と驚いていた私たちも、まだ温かい揚げパンのおいしさにつられて山盛りだった籠をすぐに空にしてしまった。ここエミリア＝ロマーニャ州は食肉加工も盛んな地域として知られ、良質な生ハムやサラミはお手のものだ。なかでも、豚の頭を丸ごと煮て、そのゼラチン分で固めて作るコッパとの組み合わせが最高とか。
　聞くと、各家庭にはそれぞれニョッコ・フリットのレシピが受け継がれているらしい。モ

北イタリア／エミリア＝ロマーニャ州

　デナの友人マルコのニョッコ・フリットには、さっくり感を加えるため卵が入る。作り方は、グラニュー糖を入れた人肌の牛乳でイーストを溶かして発酵させ、小麦粉、卵、塩、E.V.オリーブ油を加えて10分練って生地を作り、温かいところで約1時間発酵させる。それを3〜5mmに薄くのばし、ひし形に切り分け、熱したストゥルット（精製ラード）で揚げるとぷっくりふくらむ。色よくフリットしたらキッチンペーパーにとり、余分な脂を取り除く。
　最近は、味わいを軽くするためにオリーブ油で揚げることが多いが、良質なラードでフリットするニョッコはさらりと揚がって味わい深く、格別のおいしさがある。
　マルコから習ったレシピで作ったニョッコ・フリットが、撮影した品。ひし形の角はサクッとしているが、中はモチッとして、つまみ始めると止まらないおいしさである。
　マルコのアドバイスで初めて、毛嫌いしていた動物性油脂のラードを使うフリットに挑戦したが、出来上がりは予想とは反対にさらっとして風味が深く、マルコに大感謝。
　ニョッコ・フリットは、サラミ類のほかにもチーズとの相性がよく、特にフレッシュでソフトタイプのストラッキーノやクレシェンツァがぴったり。朝食以外でも、ちょっとしたスナックとしておやつに活用されている。
　またこのニョッコ・フリットの生地は、フリットにするだけではなく、長い間モデナ近郊のアペニン山岳地帯の家庭の暖炉で焼かれてきた。近ごろミラノのスーパーでもよく目にするようになったが、正式名を「ティジェッラの間で焼くクレシェンティーナ」という。ただ単に「ティジェッラ」とだけ呼ばれることも多い。クレシェンティーナとはふくらむ小さな生地のこと、一方のティジェッラは焼く時に使うテッラコッタ製の道具の名前である。
　ティジェッラとは、掘り出した土と、耐火性のある陶土を混ぜ合わせて作る円盤状の皿のことで、ラテン語の"小さな瓦"に由来する。作り方は、小さく丸めた生地を、5mm厚さ、直径10cmの円盤状にのばす。そして栗の葉で生地を挟み、暖炉で熱しておいたティジェッラにのせて、さらにティジェッラと生地をのせ……と何段も塔のように積み重ねて暖炉のそばで焼く。
　焼きたてのティジェッラはそのままでもおいしいが、山ならではの食べ方がある。それは熟成したラルド（豚の背脂を塩漬け、熟成させたもの）とローズマリー、にんにくをたたいてクリーム状にした「クンツァ」と呼ばれるペーストを使う。焼きたてのティジェッラを横2つに切り、クンツァを塗り、すりおろしたパルミジャーノチーズをふりかける。あつあつのティジェッラの熱でラルドもチーズもほどよく溶け、ローズマリーとにんにくの香りが立って、とびっきりのティジェッラが味わえる。ニョッコ・フリットもティジェッラも、エミリアの人々が熱愛するパンである。

EMILIA-ROMAGNA

【エミリア=ロマーニャ州】

マクドナルドにも登場した
クレープ状の薄型パン

# ピアディーナ
## Piadina

古いルーツを持つ薄焼きパン

　ロマーニャ地方の"食のシンボル"とされるのが、ピエともピアーダとも呼ばれるパン「ピアディーナ」である（ピアディーナ・ロマニョーラとして、I.G.P.認定→p.21）。ただ、これは、リッチなロマーニャ地方の食とは対照的にきわめてシンプル、素朴な味わいだ。

　そのルーツは遥か遠く、エトルスク時代とも、聖書に出てくるパン、アツィモ（客をもてなすために簡単に作るイーストなしのパン）の流れとも、ルネッサンス期にはやった金属製の道具に挟んで作る菓子チャルデ（→p.116）からともいわれている。

　コチコチの伝統派は小麦粉と水だけで作るのが正式なピアディーナと言うが、現在ではそれに重曹やイーストを加えたり、ラードかオリーブ油、牛乳を加えて作る方が多い。それを厚さ3.5mm、直径20cmほどの円盤状にして、テッジャと呼ぶ専用のテラコッタ製の皿で焼く。テッジャを薪やガスで熱し、上に生地をのせて、フォークの先で穴を開けて、背で膨らむのを押さえながら両面を手早く焼くのである。こんなコントロールの難しい調理法のため、均一に焼き上げることかなかなか大変だが、それがまた独特な風味を生み出すのだ。

　ロマーニャ地方の村祭りでは、屋台のピアディーナ売りの周りに何重にも人垣ができる。このピアディーナ人気を食品メーカーは見逃さず、大量生産に乗り出し、今ではイタリア全国へ広まってきている。ミラノでは、専門店としてピアディネリーアも出現。バールでもピアディーナのパニーノの彩りが日に日に華やかになり、あのマクドナルドにも薄く楕円形に焼いたピアディーナタイプのパンを使ったマックラップが登場。「ロマーニャの田舎のパン」は、もはやイタリアを代表するファストフードなのである。

北イタリア／エミリア＝ロマーニャ州

EMILIA-ROMAGNA
Ferrara

【エミリア＝ロマーニャ州フェッラーラ】

細長く巻き込んだ生地を
2本1組で張り合わせるクリスピーなパン

# コッピア・
# フェッラレーゼ
## Coppia ferrarese

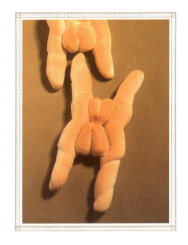

エステ家の食卓にも並んだパン

　地元の方言で"チュペータ"とも呼ばれるフェッラーラのパンは、両サイドに2本の角が生えたちょっと変わった形をしている。正式には「コッピア（カップルの意味）・フェッラレーゼ」。I.G.P.（→p.21）認定のパンである。歴史は古く、1287年、パン職人に向けた市の法律で、水分の量を少なくし、質のよい小麦粉を使う生地を義務付けたことからはじまる。その後1536年に時の統治者エステ家の重職についていたクリストフォロ・ディ・メッシスブーゴが「カーニバルの食卓の"ねじられているパン"」を書き残している。

　このパンは前日から、水と小麦粉とイーストを練り、一晩おいて発酵させることから始まる。翌日、あらたに小麦粉、ラード、E.V.オリーブ油、塩、水、イーストを加えて練り、発酵させて作る。

　それからの形作りは、まず生地を70gほどの小さな塊に分け、以前は三角形にのばして作っていたのだが、今は細くのばした生地を右と左、両手のひらでひとつずつ、クルクル巻き込んでいく。細長く巻き込まれた棒状の生地の2つを1組にして、中央の巻き終わりの生地を張り合わせればコッピアの形が完成。天板の上に並べてさらに1時間半発酵し、230℃のオーブンに入れ25分ほどで焼き上げる。

　この個性的な形状は、実は軽く、消化によく、胃にもたれない乾いたクリスピーな食感を追求して生まれたもの。「コッピア作りには、フェッラーラの水と霧のよく出る湿った重い空気が必要。だから、よそではおいしいコッピアが作れないらしい」と、地元の人たちに絶大な人気の自慢のパンなのである。

## Column 1

# お菓子なしには成立しないイタリアの年中行事

宗教的な行事とお菓子は古くから切っても切れない関係。
代表的な行事のお菓子事情を紹介します。

### ◆ クリスマス

　バチカン市国のお膝元イタリアは、国民の多くがカトリック信者。日常生活にもキリスト教の影響が強く、その最大の行事はキリスト生誕を祝う12月24～25日のクリスマスである。普段は遠く離れていても、万障繰り合わせて家族が一堂に集まる大事な祝日だ。それまでプレゼント探しで混雑していた町も、当日はシーンと静まり、人々は家庭でみんな一緒に食卓を囲む。この卓上に必ずあるのがパネットーネ（→ p.40）やトッローネ（→ p.52）。地方菓子出身ながら、今では全国共通のクリスマス菓子として親しまれている。

### ◆ ヴァレンタインデー

　2月14日はヴァレンタインデー。イタリアでは昔から守護聖人の日として「聖ヴァレンティーノの日」になっているが、伝統的にチョコレートを贈る習慣はない。それでも近年は、若い恋人たちの間で"互いに"チョコレートを贈り合う光景も見られるようになった。またイタリアでは誕生日の他に、自分と同じ名前のオノマスティコ（聖名祝日）に祝う習慣がある。たとえばヴァレンティーノ、あるいはヴァレンティーナという名前の人は、2月14日にみずからが友人たちにドルチェを振る舞って祝う。

### ◆ カルネヴァーレ（カーニバル、謝肉祭）

　毎年日付は変わるが、2月下旬にカルネヴァーレがある。復活祭の40日前から始まる四旬節はキリストの断食修業にならって肉を断つのが習慣。その前に、肉を食べて備えるのがカルネヴァーレである。各地で仮装して町を練り歩いたり、大きな張り子の山車を引いたり、キャラメルを撒いたり、オレンジを投げ合う祭りが行われる。
　これを祝うのは、キャッケレ（→ p.58）やセアダス（→ p.180）など各地で作られる多様な揚げ菓子だ。いくらヘルシー志向が浸透しても、揚げものは相変わらず大人気である。

### ◆ パスクワ（イースター、復活祭）

　本格的な春の訪れを、キリストの復活とともに祝うパスクワは、クリスマスの次にイタリアの人々には大切な祝日だ。宗教的な意味合いと同時に、3月または4月に短いバカンスがとれる時期でもある。イタリアでは幸せなことを"まるでパスクワのように"と表現するほど。学校も休みになり、春を謳歌する。また"パスクワはドルチェを愛する"といわれ、派手なラッピングに包まれ、中にお楽しみプレゼントが入っている卵形チョコレートのほか、コロンバ（→ p.44）、パスティエーラ（→ p.148）、カッサータ（→ p.168）と彩りも豊かである。

# Centro

中部イタリア

Toscana
Umbria
Marche
Abruzzo
Lazio

TOSCANA
Prato

【トスカーナ州プラート】

カンカンに乾いたアーモンド菓子

# カントゥッチ
## Cantucci

ふだんのお菓子

　カントゥッチは、アーモンドの香ばしさと、カンカンに乾いた食感が特徴の焼き菓子。発祥は、織物産業で知られるトスカーナ州フィレンツェ近郊のプラートで、その名をとってビスコッティ・ディ・プラート（プラートのビスコッティ）とも呼ばれる。ただ、今ではシエナやキャンティ地方などのトスカーナ州内を始め、広くイタリア全国で親しまれている（カントゥッチ・トスカーニとして I.G.P. 認定→ p.21）。

　ビスコットとは、ラテン語で「2度加熱する」の意。実際、カントゥッチは2回焼いて作る。フランス語の「ビスキュイ」も英語の「ビスケット」も、このビスコットに由来した言葉だ。ただし、ビスケットにはバターが入るが、カントゥッチの生地にはバターもオイルも入らない。作り方は、小麦粉にグラニュー糖や卵を入れた生地にホールアーモンドを加えて棒状に整え、一旦オーブンで焼き、粗熱を取る。それを端から薄切りにして、再びオーブンに入れ"ビスコット"して、しっかり水分を飛ばす。

　このベーシックなレシピの他、生地に少量の重曹か重炭酸アンモニウム、またはイーストを入れたり、松の実、ヘーゼルナッツ、くるみ等のナッツ、あるいはチョコチップやフルーツの砂糖漬けを加えるものもある。また、サフラン、バニラ、アニス、コリアンダー、シナモン等を好みにより加え、風味づけしたものも。みなに愛されるお菓子だけあって、レシピにも様々なバージョンがあるのだ。

　しかし、『Il libro della vera cucina fiorentina（正しいフィレンツェ料理の本）』（パ

## 中部イタリア／トスカーナ州

オロ・ペトローニ著）を見ると、カントゥッチはビスコッティ・ディ・プラートとは別で、「パン生地をベースにして作る」とある。もっとも辞書によれば、カントゥッチは「パンのかけら、切り端」と解説されているので、現在はカントゥッチもビスコッティ・ディ・プラートも1つに融合してしまったが、もともとはパン生地の残りを2度焼きして作ったのがカントゥッチの始まりなのだろう。

　このお菓子には、ヴィンサントかエルバ島のアレアーティコを添えるのが決まり。どちらもトスカーナ産の甘口ワインで、お行儀に関係なく、カントゥッチを指でつまんで浸しながら食べる。でも歯応えを楽しむのなら、何といってもそのまま食べるのがおすすめ。

　以前、入れ歯安定剤のTVコマーシャルにこのカントゥッチが登場した。美しい初老のシニョーラ（マダム）が、指でつまんだカントゥッチをガリッと噛み、にっこりとほほえむ。「好きなものは我慢しないで」。——こんな堅いものでもうちの商品を使用すれば大丈夫、とアピールしているわけだが、やはりカントゥッチはイタリアの堅いものの代表なんだと、妙に納得してしまった。

### 材料（約50個分）

小麦粉（タイプ00）… 250g
重曹 … 小さじ 1/2
グラニュー糖 … 250g
全卵 … 1個半
卵黄 … 1個
アーモンド … 125g
サフラン（好みで）… 少量
塩 … ひとつまみ

### 下準備

- 小麦粉と重曹を一緒にふるう。
- アーモンドを180℃のオーブンで10分ほどローストする。
- オーブンを170℃に温める。

### 作り方

1. ボウルに全材料を入れてよく混ぜ合わせる。台に取り出し4等分し、手のひらでころがして直径2〜3cm、天板の長さの棒状に丸める。
2. 天板にオーブンペーパーを敷き、間隔をあけて1を並べる。170℃のオーブンで20分焼く。
3. 生地を取り出して1.5cm幅の斜め切りにする。再び天板に平らにのせて160℃で15分ほど焼く。

### *memo*

◆ 焼き始めると生地が広がるので、間隔を十分にあけて天板に並べてください。

【トスカーナ州】

リキュールをたっぷり含ませた
スポンジケーキ

# ズッパ・イングレーゼ
## Zuppa inglese

宮廷生まれのお菓子

　ズッパ・イングレーゼは、訳すと「イギリス風スープ」になる。だが、これはイタリア各地で親しまれているドルチェのひとつ。甘く、香りのよい、クリーミーな、そしてしっとりを通り越して水分がしたたるほどのケーキである。

　もともと、ズッパはゴート語の「スッパ」に由来する言葉で「液体を含んだ薄切りのパン」という意味だ。イタリアのスープのひとつ、ズッパが、今でもトーストした薄切りのパンを入れたり添えたりすることが多いのはそんな理由による。このドルチェがズッパと呼ばれるのも、パンならぬスポンジ生地にたっぷりと水分を含ませているからだろう。

　作り方は、リキュールをかけた薄切りのスポンジとカスタードクリームを交互に重ね、一番上にホイップクリームでデコレーションするというもの。

　目につく鮮烈に赤いスポンジはアルケルメスというリキュールを使っているからで、黄色のカスタードクリームとのコントラストが一層鮮やかさを増す。このアルケルメスはフィレンツェのサンタ・マリア・ノヴェッラ教会の修道士が各種のスパイスやハーブをベースに考案した。特徴的な赤色は、エンジムシから抽出した着色料を使っているから。このリキュールはかなり甘みが強いので、ストレートで飲むことは少なく、他にもペスカ\*などの菓子材料として使うことのほうが多い。

　今では各地で作られているズッパ・イングレーゼだが、ルーツを探っていくとトスカーナ州へたどり着く。16世紀半ば、フィレンツェのメディチ家がシエナに遣わしたコレッジョ公爵をもてなす豪華なディナーで、スポンジとはちみつ入りミルク、アルケルメスを

中部イタリア／トスカーナ州

使ったドルチェが供され好評を博した。これが「ズッパ・デル・ドゥーカ（公爵のスープ）」と呼ばれ、メディチ家に伝わるや大いにもてはやされた。とくにイギリスからの客人たちに好まれたことから「イギリス人たちのズッパ」となり、さらに「イギリス風ズッパ」になったという。

だが、北部のピエモンテ州ではスポンジ生地に代わりサヴォイアルディ（→p.12）を使うし、中部のエミリア＝ロマーニャ州ではカスタードのほかにチョコレートクリームを加える。ナポリではリコッタとフルーツの砂糖漬けを使ったクリームのズッパもあるなどレシピは多彩。お酒もラム酒、コーヒーやアーモンド、オレンジ風味のリキュールと幅広い。

写真のズッパ・イングレーゼは、ウンブリア州のホテル学校の調理師課程に通っていたころによく作られた正統派（？）レシピのもの。材料費が安いせいか出番は多かった。ときどきウエイター課程の生徒の実習のため、秘書課程の女子生徒たちがテーブルに着くのだが、料理だと決まってダイエットを理由に少なめの量でサービスさせていた彼女たちが、ズッパ・イングレーゼだけは別で、たっぷりのボリュームをきれいに平らげていた。ズッパ・イングレーゼのおいしさはダイエットに勝るものなのだろう。

＊ペスカとは「桃」の意だが、ここでは小さな半球形に焼いたビスケット生地をアルケルメスに浸し、2個1組にして間にチョコレートクリームを挟んだ菓子。桃の形に似ていることからの名。

## 材料と作り方（20cm四方の角型1台分）

〈スポンジ生地〉ボウルに常温にもどした全卵3個を入れてほぐし、グラニュー糖100gを数回に分けて加えながらハンドミキサーの高速で泡立てる。少し細かい泡になってきたら低速にし、きめが細かくもったりするまで混ぜる。小麦粉（タイプ00）100gをふるって少しずつ加え、ゴムべらでさっくり混ぜ合わせる。溶かしバター（無塩）15gを加え混ぜ合わせたら、型に流して180℃のオーブンで30分ほど焼く。型からはずして冷ます。

〈カスタードクリーム〉ボウルに常温にもどした卵黄6個とグラニュー糖100gを入れ白っぽくなるまでハンドミキサーで泡立てる。ふるった小麦粉60gを加えて、泡立て器で馴染ませるようによく混ぜ合わせる。鍋に牛乳500mlとバニラビーンズ1/2本を入れて火にかけ沸いたら、卵黄の生地に少しずつ加えながらよく混ぜる。それを鍋に移し、泡立て器でかき混ぜながら中火で煮る。沸騰してから2～3分煮て、とろっとした状態になったら火からおろして裏漉しする。

〈組み立て〉スポンジ生地を1cm幅で18～20枚に切り分ける。20cm角、深さ4～5cmの容器にバター少量を塗り、小麦粉少量をふる。そこにスポンジ生地を敷き、アルケルメス（赤色のリキュール）を刷毛で塗り、カスタードクリームを塗る。これを繰り返し、最後にスポンジ生地をのせアルケルメスを塗る。上にホイップクリーム適量を好みで絞り、デコレーションする。

### *memo*

◆ アルケルメスが手に入らない場合は、グレナデンシロップ、カンパリなど赤色のリキュールとグラッパをミックスして使います。

◆ 作ってから半日おくと、一層しっとりします。

TOSCANA

【トスカーナ州】
ドーム形のスポンジケーキ

# ズッコット
## Zuccotto

宮廷生まれのお菓子

　ジョヴァンナの家はフィレンツェの旧市街、ルネッサンス様式の建物が残る細い道沿いにある。昼下がりに訪ねると、「昨日、作ったのよ」とズッコットをテーブルまで運んできた。ココアパウダーのたっぷりかかった、半球を伏せた形のケーキである。この独特な形が聖職者たちの小さな半球形の帽子「ズッケット」に似ているところから名づけられたといわれている。

　ジョヴァンナは、小さいころからおばさんの作ってくれるズッコットを食べるのが楽しみだった、と言いながらさっそく切り分けてくれた。ひんやりしたズッコットはアーモンド風味のリキュールが効き、スポンジ生地とバニラの香りのリコッタクリームがしっくり合っている。おばさんは泡立てた生クリームをリコッタに混ぜ合わせていたそうだが、ジョヴァンナのズッコットはリコッタだけがベースである。

　はじめに半球の「ズッケット」型を準備する。昔は銅を張ったメタル製が主だったが、現在はアルミ製やプラスチック製を使うことが多い。その型に隙間なくスポンジ生地を敷きリキュールを塗る。そこにリコッタ、チョコチップ、フルーツの砂糖漬けなどを混ぜ合わせたクリームを詰め、再びスポンジ生地で覆い馴染ませる。型から取り出してココアパウダーをふれば出来上がりだ。

　ズッコットの原形とされるのはリコッタで作るクリームで、16世紀のレシピによると、リコッタにはちみつや干しいちじくを加えて甘くしていたとある。今では多様化して、泡立

中部イタリア／トスカーナ州

　てた生クリームだけのもの、それにカスタードクリームあるいはリコッタを混ぜ合わせたもの、ジェラートやセミフレッドを詰めたものなどもある。共通しているのは、いずれも半球を伏せたドーム形に仕上げ、スポンジ生地ですっぽり包むというところだけ。

　ズッコットは、「セミフレッドの原点」ということも定説とされている。また、カテリーナ・デ・メディチがフィレンツェからフランスへ輿入れする時に伝えたことでも有名だ。それもこれも当時の建築家ベルナルド・ブオンタレンティの功績である。コジモ１世の芸術総監督をしていた彼は、建物だけでなく料理にもその知識を利用し、氷に塩を加えて温度を下げることでジェラートやセミフレッドの製法を可能にした。

　いつもハツラツとして素敵なジョヴァンナは「知っている日本人の中で太っているのはあなただけよ」と私をたしなめる。料理上手でドルチェ好きな彼女が選んだリチェッタ（レシピ）はリコッタだけのズッコット。脂肪分が低いところもスタイル自慢の彼女らしい。リチェッタを書いたメモを渡しながら、「必ずフレッシュなリコッタを用意するのよ」とダイエット中の私に励ましのアドバイスをくれた。

## 材料（直径18cmの半球型1台分）

羊乳のリコッタ … 500g
バニラ風味の粉糖 … 120g
オレンジピール、シトロンピール … 各50g
アーモンド … 60g
チョコチップ … 70g
スポンジ生地（→p.109） … 全量
アマレット … 適量
ココアパウダー … 20g

### 下準備

- オレンジとシトロンのピールを小さな角切りにする。
- アーモンドはオーブンでローストし、粗く刻む。
- スポンジ生地を1cm厚さに切る。
- 半球型にラップを縁から少しはみ出るように敷く。

## 作り方

1　リコッタを裏漉ししてボウルに入れ、粉糖、オレンジとシトロンのピール、アーモンド、チョコチップを加え混ぜ合わせる。

2　スポンジ生地に刷毛でアマレットを塗り、型に隙間なく敷く。

3　1を2に入れ平らにならし、最後に蓋をするようにスポンジ生地をのせ、アマレットを塗ってラップで覆う。

4　3を冷蔵庫に少なくとも6時間入れ、味を馴染ませる。

5　食べる30分前に冷蔵庫から取り出し、逆さにして型とラップを外し、表面に3cm幅の紙テープ2枚をクロスさせ、茶漉しでココアパウダーをふる。

### *memo*

◆ ココアパウダーを加えて焼いた生地と交互に敷いても、きれいなズッコットに仕上がります。その時は仕上げのココアパウダーの代わりに、あんずジャムをゆるめたものを刷毛でスポンジ生地の表面に塗り、つやを出します。

 TOSCANA

【トスカーナ州】
スパイシーな圧縮トルタ

# パンフォルテ
## Panforte

修道院生まれのお菓子

　シエナの旧市街は美しい。まるで中世の時代にタイムスリップしたようだ。ここに来ると、石造りの街並みのあちこち、菓子店はもちろん、食料品店、みやげもの店の店先に大小の平べったい丸い包みが行儀よく積まれているのが目にとまる。これがシエナの伝統菓子、パンフォルテである（パンフォルテ・ディ・シエナとしてI.G.P.認定→p.21）。

　街でジェラートを片手におしゃべりしている若者たちに話しかけると、「たくさん積まれているパンフォルテ、あれはツーリストのためだよ」と言う。「じゃあ、シエナの人たちは食べないの」とけげんな顔をすると、「僕は食事の後、ほんの少し食べるのが好きなんだ」と長髪の青年が小声で答えてくれた。シエナ名物としてあまりにも有名だが、今や当の住人たちにとってはたまに食べるお菓子ということなのだろう。

　パンフォルテは、直訳すると「強いパン」である。ハイカロリーのため、食べると体が頑強になるからなのか、あるいは生地がみっちりと締まって堅いため、型に入れて平らにするのに強い力で押すからなのか、名前の由来は定かではない。

　作り方は、はちみつ、グラニュー糖、アーモンド、オレンジとシトロンのピール、小麦粉、スパイスを混ぜ、"オスティア（→p.114、152）"を敷いた型に入れてオーブンで焼くというもの。オスティアは聖体として教会のミサでも使われ、薬局で売られている。小麦粉は少量、写真のとおり、ほとんどアーモンドとピールを固めた感じで、そこにシナモン、クローヴ、コリアンダー等のさまざまなスパイスの香りが加わり、実にリッチな味わいだ。

中部イタリア／トスカーナ州

　パンフォルテにはスパイスのたくさん入ったスパイシーな風味のネーロ（黒）と、マルゲリータと呼ばれる白い仕上がりのものの2種がある（写真）。マルゲリータは1879年、馬の競争で有名なパリオ祭を観戦に来たサヴォイア家のマルゲリータ王妃に献上するために考案された。オレンジなどのピールを透き通るように仕上げ、表面に粉糖をたっぷりかけてある。ちなみに、かのピッツァ・マルゲリータもこの10年後、ナポリで王妃に献上されたものである。

　シエナはフィレンツェよりひと足早く、商業と金融で富を得た。お金の集まるところには、当時貴重だった東洋のスパイスもたくさん集まったというわけだ。そのころのスパイスのエキスパートたちがいた修道院でこの菓子が生まれたのも不思議ではない。菓子工房で作られるようになったのは19世紀に入ってから。パレンティが先陣をきり、続いてサポーリ、ペーピが菓子メーカーとして成長していった。いずれも前身が薬局というところが、理にかなっているようで興味深い。

---

**材料（22〜24cmの丸型1台分）**

アーモンド … 350g
オレンジピール、シトロンピール … 各100g
小麦粉（タイプ0）… 150g
スパイスミックスパウダー（ナツメグ、クローブ、コリアンダー、ジンジャー、シナモン、マース、アニス）… 10g
はちみつ … 150g
粉糖A … 150g
粉糖B … 30〜40g

**下準備**

- 型の底に、伝統に従い型より少し小さめのオスティア（→p.152）またはオーブンシートを敷く。
- オーブンを180℃に温める。
- アーモンドは180℃のオーブンで7〜8分ローストする。

**作り方**

1　オレンジピールとシトロンピールを7〜8mm角に切る。
2　ボウルに1とアーモンド、小麦粉、スパイスミックスを入れ混ぜ合わせる。
3　鍋にはちみつ、水25〜30㎖、粉糖Aを入れ、弱火で混ぜ合わせ、琥珀色になり泡が出てくるまで熱する。
4　2のボウルに3を入れ、混ぜる。
5　型に入れ、スプーンの背か指先で、隙間のないように詰める。
6　180℃のオーブンで25〜35分ほど焼く。30分経ったら型から外し、そのまま5分焼く。
7　焼き上がったらオーブンから出し、粗熱が取れたらオーブンシートを外す（オスティアの場合はそのまま）。完全に冷めたら、粉糖Bを上からふる。

*memo*

◆ このレシピは、白いマルゲリータタイプです。
◆ 一晩おいて味を馴染ませた方がおいしい。スパイスは、好みの種類を混ぜ合わせます。

TOSCANA

【トスカーナ州】
アーモンド風味のソフトクッキー

# リッチャレッリ
## Ricciarelli

外国生まれのお菓子

---

　リッチャレッリはシエナに古くから伝わるクッキーのような焼き菓子。粉糖がたっぷりかかり白い装いの丸みを帯びたひし形をしたドルチェである。今ではクリスマスシーズンともなると全国で親しまれ、イタリアのお菓子として、最初にI.G.P.(→p.21)に認定された。

　歯触りはサックリして、少ししっとり感の残るタイプ。噛み締めると甘く、アーモンドの濃厚な風味と、ほのかな柑橘類の香りがする。甘く仕上がるのは、主材料のアーモンドの量に対して、グラニュー糖と粉糖を同じくらいたくさん使っているからである。

　材料は、アーモンドとオレンジピールと小麦粉、それにグラニュー糖と粉糖と卵白、重炭酸アンモニウム。それらを混ぜ合わせて生地にする。そこから1個分を約20g、厚さ1cmのひし形に整え、天板にくっつかないようにオスティア(→p.112、p.152)を下に敷いて並べ、オーブンで焼き、粗熱を取ってから粉糖をかければ出来上がり。最近では、チョコレートがけのリッチャレッリもある。

　リッチャレッリの歴史は遠く中世にまでさかのぼる。十字軍から戻った勇士が、シエナに近い城に帰り、遠征中に出合った菓子のおいしさが忘れられずに再現させたのが始まりという。それはアーモンドをベースに、オレンジの風味をつけたドルチェで、イスラム世界の君主の靴先のように、クルッと丸まった形をしていた。リッチャレッリの名前は、「丸まった」という意味のイタリア語「リッチャ」に由来しているという。それがどう

中部イタリア／トスカーナ州

して現在の丸みのある平べったいひし形になったのか、なんとも不思議である。
　一方、アーモンド菓子がアラブからシチリアに伝わり、そこでオレンジの風味が加わってシエナにやってきたという説もある。『Profumi di Sicilia（シチリアの香り）』（ジュゼッペ・コリア著）という電話帳のように厚い料理本にも「アーモンドのリッチャリーナ」という菓子が載っていた。それにはオレンジの皮ではなく、レモンの皮を加え、"S字形"に形作って焼き色をつけるとある。リッチャレッリの"いとこ"といった感じだろうか。
　リッチャレッリを食べる時は、トスカーナ産のヴィンサントやモスカデッロ・ディ・モンタルチーノなどのスウィートなワインを合わせるのがお決まり。ヴィンサントは熟したぶどうの房を金具につるして干し、水分を蒸発させて甘みを濃縮させた粒から造られる、甘く芳香のある芳醇なワインだ。
　いずれも甘みの相乗効果で、かなり塩味の効いたトスカーナ料理の締めくくりにはぴったりである。

**材料**（作りやすい分量）
アーモンド（皮をむいたもの）… 400g
グラニュー糖 … 340g
小麦粉（タイプ00）… 20g
重炭酸アンモニウムか重曹 … 小さじ1
卵白 … 2個分
ビターアーモンド・エッセンス … 少量
粉糖A … 40g
オレンジピール … 20g
片栗粉、粉糖B … 各適量

**下準備**
・オーブンを150〜160℃に温める。

**作り方**
1　アーモンドとグラニュー糖300gをフードプロセッサーにかけ、細かくする。
2　オレンジピールを加え、さらに細かくする。
3　ボウルに移し、半量の小麦粉を入れて混ぜ、ビターアーモンド・エッセンスを加える。
4　残りのグラニュー糖と水20㎖を鍋に入れ弱火にかけて溶かし、3のボウルに加え、混ぜ合わせる。
5　残りの小麦粉とふるった粉糖A、重炭酸アンモニウムか重曹を加えて混ぜ合わせ、濡れ布巾で覆い10〜12時間休ませる。
6　軽く泡立てた卵白を生地に混ぜ合わせ、片栗粉をふった木製の台の上で、直径5cmの棒状にまとめ、1cm幅に切り、ひし形に整える。
7　オーブンシートを敷いた上に生地を並べ、粉糖Bをかけ、30分乾かす。
8　150〜160℃のオーブンに入れ12〜15分焼き、冷ます。

TOSCANA
Montecatini Terme

【トスカーナ州 モンテカティーニ・テルメ】

アーモンドペーストをサンドした
極薄の焼き菓子

# チャルデ
## Cialde

創作伝統菓子

---

　初めてこのチャルデを見たとき、妙に懐かしい感覚を覚えた。それは日本でよく食べていたゴーフルにそっくりだったからである。ただ、サックリしたゴーフルに比べて、このチャルデは生地のパリパリ感が強い。それに、中に挟んであるクリームも違う。こちらはアーモンド主体のペーストでざらっとした食感だ。他の町にもチャルデはあるが、たいてい外側の生地だけでクリームを挟んだものはなく、形も丸のほか四角、扇形、葉巻形と様々だ。

　今回取り上げたチャルデはトスカーナ州モンテカティーニ・テルメ生まれ。テルメは「温泉」の意味で、この町は高級リゾート地としてヨーロッパ中に知られている。温泉といっても、日本人が思い浮かべる"お風呂"の世界ではなく、肝臓病、胃腸病、リウマチなどの治療を目的とした長期滞在型医療用温泉プールのこと。町にはこの施設を中心に、緑豊かな公園やテニスコート、乗馬施設などが整えられ、洗練されたエレガントな町並みが続く。

　その一角にチャルデの専門店「バルジッリ」はある。丸い看板が目印で、内装は淡い色調の明るくモダンなかわいい店だ。入ってすぐの左手にジェラートカウンターがあり、チャルデは奥に並んでいる。現オーナーはパオロ・バルジッリさん。さっそくチャルデに、手際よく十字にナイフで切り目をつけ、パキッと割って手渡してくれた。

中部イタリア／トスカーナ州

「チャルデは父オルランドの代から1936年に作り始めました。生地の材料は小麦粉、牛乳、卵で、間のペーストはアーモンドとグラニュー糖。どの素材も吟味しています」
　牛乳は搾りたてのものをみずから農家へ取りに行き、アーモンドも産地のプーリア州まで出向いて極上のものを仕入れ、気温10℃、湿度65%の部屋で保管しているという。
　小麦粉の生地は2枚の金属板の間に流し入れて焼く。
「簡単な工程ですが、生地のミキシングの仕方、金属板の型への注ぎ方には技術を要します。厚さは0.7mm均一で220℃で焼き上げます」
　極薄の生地を一気に220℃で焼くと焦げてしまうので、熱の加え方にもコツがあるらしい。試食すると、間に挟んだアーモンドペーストがまた香ばしくておいしい。
「アーモンドをグラニュー糖と一緒に一気にやや粗めに砕き、焼き上がったチャルデの生地に挟んで再度焼きます」
　地元トスカーナの甘口ワイン、ヴィンサントを合わせるといいと、グラスに注いですすめてくれた。
　ちょうどそのとき、ジェラート目当てのイギリス人ツーリストたちがどやどやと入ってきた。そのひとり、銀髪の美しいマダムが試食用のチャルデをつまむとニッコリ、「ベリー・グッド」。店員に注文して包みを受け取ると、友人たちに「おいしいクッキーよ」と得意顔をしている。
　このチャルデはさしずめ日本の温泉まんじゅう。モンテカティーニを訪れた人々がおみやげに必ず買い求めるドルチェということらしい。

### 作り方

卵、牛乳、小麦粉（タイプ00）を混ぜ合わせて生地とし、円盤状の金属製の型に0.7mmの厚さに流し入れ、その上にも金属型を置き220℃で焼く。焼けた生地2枚の間にグラニュー糖と一緒に粗く砕いたアーモンドを挟み、金属板で上下から温めた後、取り出し、薄い円形の大理石の重しをのせ、完全に冷ます。

TOSCANA

【トスカーナ州】

アニス風味の薄焼きクッキー

# ブリジディーニ
## Brigidini

修道院生まれのお菓子

トスカーナの村祭りの屋台に欠かせないお菓子といえば、ブリジディーニ。ごく薄く焼いたチップス状で、鮮やかな明るい黄色のドルチェである。

今では、トスカーナのパスティッチェリーアやパン店の店先でも売られるようになったが、主流はやはり屋台。ほんのり甘く、地元で"アナチ"と呼ぶアニスの風味が効いていて、カリコリする歯応えが心地よい。

「昔は、屋台で見ている前で焼いてくれたものなんだよ」と、ピストイア（フィレンツェの西にある町）出身の友人アルフィオは、懐かしそうに話す。

このブリジディーニ、外見はいたって素朴ながら、どことなく風格があるのは、神聖なオスティア（→p.112、114、152）作りの流れを汲んでいるかららしい。

その昔、ピストイアの司祭のお膝下、ランポレッキオという町のサン・バロント教区内にオスティア製造所があった。オスティアは教会でミサをあげるときに教徒に与えるご聖体（イーストが入っていない薄い形状のパン）だが、そこではミサのためのオスティアの他に、はちみつ入りの甘く薄く焼いた"世俗もの"の菓子も作っていた。これがサンタ・ブリジダの修道院に受け継がれたというのがブリジディーニの始まりである。サンタ・ブリジダの修道女が作る「甘いオスティア」はまたたく間に評判になり、修道院の名前をとってブリジディーニと呼ばれることに。長い年月を経るにつれてはちみつが砂糖に代わり、卵やアナチが加えられるようになったようだ。

中部イタリア／トスカーナ州

　作り方は、卵、グラニュー糖、アナチ、小麦粉、塩をよく混ぜ合わせて比較的堅めの生地にし、くるみ大に丸める。これを焼くのは地元でテナーリアと呼ぶ鋳物製の型で、模様が刻まれた2枚の円盤をはさみのように重ね合わせたもの。このテナーリアの両面を直火で熱して、ボール状の生地を挟んでごくごく薄く焼き上げる。

　型から出したては平らなはずなのに、製品となったブリジディーニは丸まったり、波打ったようにひだが寄ったりしている。焼きたては柔らかいので、型からはずして無造作に置いておく間に、自然に曲がってしまうのだろう。

　「以前は重量じゃなくて、一袋いくらという単位で売っていたので、かさを増やすために考えた屋台の知恵もあったんじゃないのかな」とアルフィオ。

　ブリジディーニを食べ始めると、その独特な甘くすっきりした風味と食感の妙に、ついつい手が止まらなくなる。だからか、トスカーナではポップコーンやポテトチップス代わりの、映画に行くときの必携のお供とか。

　「でも、ムードのあるロマンチックな映画では困るんだ。コメディやアクションものじゃないとね」と、口元でカリコリさせながらアルフィオはにっこりした。

**材料（作りやすい分量）**
小麦粉（タイプ00）… 100g
グラニュー糖 … 130g
全卵 … 3個
アニス・シード … 5g
塩、バニラパウダー … 各適量

**下準備**
• 小麦粉をふるう。
• オーブンを170℃に温める。

**作り方**
1　ボウルに卵を入れて泡立て器で混ぜ、グラニュー糖を加えて混ぜ合わせる。小麦粉、アニス・シードを加えて混ぜ合わせる。
2　塩、バニラパウダーを入れて香りをつけ、堅めの生地にまとめたら30分休ませる。
3　生地を薄くのばしてシートを敷いた天板に並べる。
4　170〜180℃のオーブンで10〜15分ほど焼き、様子を見ながら焦がさないように焼き上げる。

TOSCANA

【トスカーナ州】
ふくよかな小麦の味が広がる
塩なしパン

# パーネ・トスカーノ
## Pane toscano

塩不足から生まれた塩なしパン

　塩が入らない、それがトスカーナのパン、D.O.P.認定の「パーネ・トスカーノ」の特徴だ。日本のご飯に当たるのがイタリアの食ではパン──ならば、塩なしも当然と思えるが、イタリアで塩味のないパンを焼くのはトスカーナを中心にした中部イタリアだけである。別名「パーネ・ショッコ（気の利かない、間抜けなパン）」とも呼ばれ、1個がふつう1kgほどと大きい。

　どうして塩味のないパンが作られるようになったのか。それを知るには12世紀にタイムスリップしなければならない。当時、地中海のコルシカ島やサルデーニャ島の支配を巡って力を発揮していたピサは最盛期を迎えていた。斜塔で有名なピサである。あるとき、ライバル関係にあった内陸のフィレンツェへ打撃を与えるため、塩の流通を禁止した。もともと貴重であった塩の入手が厳しくなり、苦肉の策として塩を入れないパン作りが始まり、それが徐々にトスカーナを中心に中部一帯に広まっていったのである。今では全国に広まり、昨今のヘルシー志向にともない、ミラノのパン店の店頭にもパーネ・トスカーノが並ぶようになってきた。

　塩を入れないパンというとちょっと無味乾燥なイメージがあるが、逆に、噛み締めると小麦本来のふくよかな味わいがよくわかる。塩はパン作りに重要な働きをする。小麦粉

中部イタリア／トスカーナ州

のグルテンを引き締めてパン生地のコシを強くする力があるからだ。塩を入れないとグルテンの力が弱くなるため、その分、発酵させるのに時間をかけなければならない。こうして、ゆるやかな時の流れの中で育まれる特有な風味が、このパンに生まれるのである。

特に昔ながらのパーネ・トスカーノは、パスタ・マードレと呼ばれる、水と小麦粉を継ぎ足して育てる天然酵母だねを作り、さらに小麦粉と水を加え、練り、これまたゆっくり発酵させて生地を作る。パスタ・マードレは小麦粉を水で練り、空気中の乳酸菌によって乳酸発酵させたもので、ほんのり酸味があってイーストで作るパンと趣を異にする。また薪の窯で焼いたパーネ・トスカーノはパンの気泡に木の香りが含まれ、一段と素朴な味わいになる。長い時間をかけて生地を仕上げ、薪を燃やして窯の温度を調整しながら焼く——長年の勘とコツがものをいうパン作りなのである。

こうして手間暇をかけて焼いたパンは、日が経って堅くなっても、もったいなくておいそれとは捨てられない。そのせいか、トスカーナには日が経ったパンを利用した料理が多い。黒キャベツの入った煮返しスープ「リボッリータ」しかり、トマトとパンのスープ「パッパ・アル・ポモドーロ」しかり、堅くなったパンを水に浸して柔らかくし、水気を絞ってトマト、玉ねぎ、きゅうり、バジリコを和えてサラダに仕立てた「パンツァネッラ」しかり。厚切りをこんがり焼いてオイルをかけた「フェットゥンタ」も、このパンがなくては語れない。しかも、どれもがトスカーナを代表する郷土料理である。どれもこれも風味豊かなパーネ・トスカーノだからこそ生まれ、今も皆に親しまれているのだろう。

トスカーナ以外でも、イタリア中部のウンブリア、そしてマルケ州でも伝統的に塩なしパンが食べられていた。特にマルケ州はローマ時代から穀物を広く栽培し、皇帝の元に届けていた歴史もある。一時はペストが流行して、農耕が廃れたことがあったが、野の幸にも恵まれ、パン作りの歴史も長い。

いまは年金生活をしている生粋のマルケ人、ガブリエッレさんも、幼いころから塩なしパン、フィローネ・カサレッチョを食べてきたと言う。フィローネは細長いパンの俗称、カサレッチョは"家庭的なこと"の意で、つまり、家庭で焼いたような手作り風細長パン。実際に昔は農家のマンマが家で捏ねて作っていた。

このパンも伝統的に、パスタ・マードレで作る。ぬるま湯と小麦粉を加えて練り、これをマディアと呼ぶ木製捏ね箱の中で一晩ゆっくり寝かせる。翌日、再び小麦粉と水を加えて練り、休ませ、フィローネに成形する。これを板にのせ、表面に切り目をつけて布をかけ、発酵させた生地を薪窯で焼き上げていたのである。今では家庭でこんな光景を見るのは稀だが、パン店ではポピュラーなパンとして人気がある。

＊D.O.P.とはすぐれた農産物を規制、保護、保証するEUの制度のひとつで、保護指定原産地表示と訳されるもの。

【ウンブリア州ペルージャ】

とぐろを巻いたアーモンドの焼き菓子

# トルチリオーネ
## Torciglione

行事のために生まれたお菓子

　トルチリオーネは、ウンブリア州に伝わる伝統的な焼き菓子のひとつ。へびをかたどったユニークな形が特徴である。

　「この近くにあるトラジメーノ湖周辺の村で、昔から作られてきたお菓子なんです」と語るのは「サンドリ」のカルラさん。サンドリは1860年から続くペルージャの老舗パスティッチェリーアで、もともとカルラさんはスイス出身だが、ウンブリアの伝統菓子にも力を入れている。

　トルチリオーネの姿は「元気はつらつとした善良なうなぎと、悪魔的なへびの2つの意味合いをもつシンボル的な存在」という。しかし、ショーウインドーの中でいっせいにこちらに顔を向けているトルチリオーネは、思わずほほ笑んでしまうほどユーモラスである。

　生地のベースはアーモンドとグラニュー糖と卵白。アーモンドを細かく刻むときに一緒にグラニュー糖を入れるが、これはアーモンドの油脂分を吸収させるためだという。ここに卵白を加えて練り、とぐろを巻いたへびの形に整える。はさみでチョンチョンと表面に切り込みを入れてウロコを立たせ、頭の両側にはドレンチェリーを埋めて目を作り、口元にシトロンピールをくわえさせる。これをオーブンに入れて50分ほど焼けば出来上がり。いとも簡単に、大中小いろいろなサイズのへびが誕生していく。

　しかし、ここのトルチリオーネを食べると、イタリアの家庭でごちそうになるホームメイ

中部イタリア／ウンブリア州

ドのトルチリオーネとは少々違うことに気づく。家庭では、生地をまとめやすくするためなのか、はたまた経済的に安く作るためなのか、小麦粉を加えることが多い。実際、ウンブリアの料理書のレシピでも小麦粉を材料に載せている。また、菓子店ではそのつどアーモンドを粉砕して粉にするが、家庭では市販のアーモンドパウダーを使うところに、おのずと味の違いが出てくるのであろう。

ところで、同じウンブリアで「カプチン修道女会の大蛇」を意味する「セルペントーネ・デッレ・モーナケ・カップッチーネ」というレシピを見つけた。

こちらは小麦粉、グラニュー糖、オリーブ油に水を加えて練り、薄くのばして生地を作る。ここにレーズン、ドライプラム、ドライいちじく、りんご、アーモンド、ヴィンサント、オリーブ油、砂糖を混ぜた詰めものを置いて巻き、筒状にしてへびの形に焼いたもの。同じへびでも、さまざまな材料をふんだんに使って風味豊かに仕上げている。さすがに、おいしいものに目がなかった修道院で作られていただけのことはある。

ただ不思議なことに、ペルージャの菓子店にトルチリオーネは並んでいても、セルペントーネはいない。大蛇は、今でも修道院の中だけで秘密裏に作り続けられているのだろうか……。

---

### 材料（1本分）
- アーモンド（皮をむいたもの）… 200g
- グラニュー糖 … 100g
- レモンの皮（すりおろす）… 1個分
- 卵白 … 1個分
- 塩、ビターアーモンド・エッセンス、バニラパウダー … 各適量
- ドレンチェリー（飾り用）… 適量
- シトロンピール（飾り用）… 適量
- スライスアーモンド、溶き卵 … 各適量

### 下準備
- オーブンは160℃に温める。

### *memo*
◆ 目の飾りは、コーヒー豆でもよいです。
うろこの切り込みには
ホールのアーモンドを入れても。

### 作り方
1 ボウルに卵白と塩を入れ、ハンドミキサーでしっかり角がたつまで泡立てる。
2 アーモンドとグラニュー糖をフードプロセッサーでパウダー状に細かくする。
3 2の中に、バニラパウダーとレモンの皮、アーモンド・エッセンスを入れ、卵白を加えてフードプロセッサーを回し、なめらかな生地になるようにする。
4 グラニュー糖（分量外）を打ち粉の代わりに台にふり、生地を細長く成形し、一方をしっぽのようにさらに細くし、反対の端をへびの頭の形に整える。
5 シートを敷いた天板に、渦を巻くように生地を置き、ドレンチェリーで目を、シトロンピールで口を作る。キッチンばさみでうろこのように切り込みを入れ、溶き卵を塗ってスライスアーモンドを挟む。
6 160℃のオーブンで25〜30分焼く。

→ UMBRIA

【ウンブリア州】
復活祭のために作られた
熟成ペコリーノ入りのパン

# ピッツァ・ディ・パスクワ
## Pizza di Pasqua

復活祭のパン

　ピッツァ・ディ・パスクワは「イースター（復活祭）のピッツァ」という意味。ピッツァというと、すぐにトマトソースをのせた薄い生地が思い浮かぶが、このピッツァには、どこにも赤いトマトは見えず、茶色で形はこんもりと山高帽のよう。パネットーネ型といったほうがわかりやすいだろうか。

　ナイフを入れると粗い気泡の輝くような黄色の生地が見え、ふわーっとチーズの濃厚な香りが漂ってくる。つまんで口に含むとふんわりした口当たり、ペコリーノの味が個性的だ。まさしくソフトでふっくらした大型チーズパンである。別名「チーズのピッツァ」とも呼ばれる。

　このピッツァは中部ウンブリア州の農家で、古くからイースターに作り続けられてきた。「昔は、イースターのミサから帰り、ゆで卵とサラミと、このピッツァを食べるのが伝統的なウンブリアの朝食でした」とイヴァン・ピッツォーニさん。創業1935年、祖父の代から石窯でパンを焼いているフォリーニョの町のパン店の主人である。今では夏季を除いてほぼ一年中作っている人気商品。普段は500gから1kg、イースターになると2～3kgの超大型のピッツァ・ディ・パスクワを焼く。イースターには遠くローマやフィレンツェからも買いにくるそうで、海外からのツーリストにも好評だ。

このパンは、まず天然酵母で発酵させた生地を作り、これに、すりおろしたウンブリア特産の熟成したペコリーノ、卵、バター、塩、こしょうを加えて練り、高さ10～15cmの縁の高い丸い型に入れる。再度ゆっくり発酵させてこんもり膨らんだら、180℃のオーブンに入れて1時間焼いて出来上がる。発酵生地の準備から数えて都合24時間かけて、ゆっくりと作業を進めていく。この店では、生地がパサつかないように卵は卵黄のみを使い、バターの他にストゥルット（精製ラード）を加えてソフト感を出し、またペコリーノもすりおろしの他、粗く砕いたものも加えてより味わい深いピッツァに仕上げている。

「実は材料のペコリーノが、産地なのに探すのが大変なんですよ」とピッツォーニさん。
　すりおろして使うために適度に熟成した堅いチーズが必要なのだが、最近はフレッシュ感のある若いチーズが好まれる傾向にあり、熟成タイプの作り手が少なくなっているらしい。そういえば、ウンブリア料理の本のピッツァ・ディ・パスクワの材料に、別のチーズの名前が載っているのを思い出した。
　だが、ピッツォーニさんからは「伝統の味を守りたいので、コルフィオリートやカッシャなど田舎に出向いて、地元ウンブリアの熟成ペコリーノを仕入れているんですよ」と、頼もしい答えが返ってきた。
　このほかにもイタリア中部には「チーズを混ぜ込む」パンのグループがある。たとえばウンブリア州のくるみとペコリーノで作る「パン・カチャート」。
　このパンは、前日に仕込んだ発酵だねに小麦粉、水、イースト、塩、こしょう、オリーブ油、刻んだくるみ、すりおろしたペコリーノを混ぜ合わせ、捏ねて生地を作る。これを発酵させ、成形し、再び約1時間発酵。そして300℃のオーブンで40～50分かけて焼き上げる。出来上がったものは粗熱を取り、薄く切り分けてパン籠に。少し塩味のきいたペコリーノのふくよかな風味とくるみの組み合わせに、ついつい手が出てしまう。
　もともとこのパンは、日曜日の親戚の集まりや祝い事のある日に作られてきたが、近ごろはむしろリッチな日常のパンとして食卓を飾る。
　チーズ入りパンには、「パン・ノチャート」というのもある。こちらはペコリーノのほか、名前の元になっているノーチ（くるみ）が多く入ったもので、松の実やドライいちじくを入れるバリエーションも。このほか細かく刻んだレーズンを加えたり、クローブの香りを効かせたり、さらに赤ワインを加えることもある。それぞれ作り手の好みと工夫を感じさせる多彩な顔ぶれである。

UMBRIA

【ウンブリア州】
元は石(テスト)の上で焼いた
素朴な円盤状のパン

# トルタ・アル・テスト
## Torta al testo

ローマ時代発祥のパン

---

　中部イタリア、ウンブリア州で古くから親しまれてきたトルタ・アル・テストは、平たい円盤状のパンである。別名クレッシャとも、トルタ・ビアンカとも、トルタ・スル・パナーロとも呼ばれている。
　この円盤を放射状に切り、間に地元の生ハムを挟むと典型的なウンブリアのパニーノができ上がる。パサッと乾いた素朴な風合いのトルタ・アル・テストに塩味の効いた生ハムの旨みは相性がよい。オーブンなどで温めると、生ハムの脂肪が溶けてトルタにしみ込み、ひなびた生地から小麦の香りが立ち上ってくる。小腹がすいた時や軽いランチ、またアンティパストとしても根強い人気がある。生ハムのほかにも、伝統的な組み合わせとして、サルシッチャ(生ソーセージ)のグリルと野原に自生する少し苦みのあるチコリ、最近ではサラミ類やハムにチーズという組み合わせも人気がある。
　昔から農耕や豚の食肉加工が盛んだったウンブリアでは、重労働に備えてトルタ・アル・テストを準備するのが習わしだった。特に秋の麦やぶどうの収穫期、あるいは冬に豚をと畜してサラミや生ハムを作る時の重要なエネルギー補給源だったのである。通常のパンより消化がよく、また時間もかからず簡単に作れるという理由からだ。今は、自然を求めて山や野原へと繰り出す時のお供としても重宝されている。

中部イタリア／ウンブリア州

　トルタ・アル・テストは、元々"テスト"と呼ばれる直径50cmほどの円盤状の石を使って焼くことからその名前がついた。赤々と燃える暖炉の炎で熱した石の上に、生地をのばして焼いたのである。時を経て、石だけではなくテラコッタ、鋳物、大理石の粉を固めたものなどいろいろな素材の"テスト"が利用されるようになってきている。今でも郊外のトラットリアや農家では、代々伝わる"テスト"を暖炉で熱々にしてトルタを焼いている。

　肝心の生地は、小麦粉、重曹、水、塩、オリーブ油で作る。すべての材料を混ぜ合わせてよく練り、2～3時間おいて生地をなじませる。それを厚さ1cm、直径30cmの円盤状に麺棒でのばし、プクプクと膨らまないようにフォークで刺して空気抜きの穴を空ける。熱くした"テスト"の上に生地をおいて、両面を焼いて出来上がり。焼きたての香りは一段と食欲を誘う。冷めてしまったときは、トースターやオーブンなどで温め直すと、クリスピー感と香りがよみがえる。

　調べてみると、このトルタ・アル・テストには、アペニン山脈に沿い、仲間が多くいることがわかった。トスカーナ州ルニジャーナ地方のパニガッチ、またパスタのように食べられているテスタローリも"テスト"で生地を焼いたものである。薄い円盤状のパンは、エミリア地方のティジェッラ（→ p.101）やロマーニャ地方のピアディーナ（→ p.102）もある。郷土に根付く円盤状のパンは、それぞれルーツもかなり古く、ほとんどがローマ時代からといわれている。

　近ごろのトルタ・アル・テストは、生地におろしたペコリーノチーズを混ぜ入れて風味を加えたり、イーストを加えてふんわり焼き上げたものも出回っている。時代の要請か、従来の素朴なタイプのほかに、リッチな味わいや食感の異なるものが生まれてきている。バリエーションを増やしつつあるトルタ・アル・テスト、これからもさらに楽しみ方の幅が広がりそうだ。

MARCHE
Apecchio

【マルケ州アペッキオ】

食品貯蔵棚を総ざらいするパン菓子

# ボストレンゴ
## Bostrengo

貧しい時代のハレの日のお菓子

　おいしいもの好きで、いつも頼りになるアドヴァイスをくれるマリネッラも、故郷マルケ州のドルチェの話になると、「狭い地域で知られているドルチェはあるけど、マルケ州の郷土菓子といえるものが、思い当たらないのよ」とトーンが落ちる。それではとマルケ州政府のホームページにアクセスし、伝統的な食情報を探すと、一番はじめに載っていたのがドルチェのボストレンゴだった。
　表面がデコボコして焦げ茶色をした、いかにも素朴な色合いのドルチェだ。説明によると、冬季に作られる、ペーザロ＝ウルビーノ県山岳部の菓子とある。
　これを見てさっそく、真夏でも山の涼風の吹く高度500m、人口1800人の小さな町、アペッキオに出かけた。毎年8月にボストレンゴ祭りが開かれ、夏でもこのドルチェを作っていると聞いたからだ。またここは、近くのネローネ山から流れ出るおいしい水から作るクラフトビールでも知られ、小さい町ながら、3つもビール工房があり、"クラフトビールの町"宣言をしている所でもある。
　レストランで、伝統的なレシピで作っているマッシモ・カルデッリーニさんの説明によると、ボストレンゴの発祥は、マルケやエミリア＝ロマーニャ、トスカーナの一部を含むモンテフェルトロ地域の山間といわれ、ブルレンゴあるいはフルスティンゴとも呼ばれ、伝えられてきたそう。土地ごとに使う材料も異なり、貧しい時代から食品貯蔵棚を総ざ

中部イタリア／マルケ州

らいするハレの日の菓子として、クリスマスや結婚式、大切な祝いの宴に作られてきたものだという。

出合ったアペッキオのボストレンゴは、思ったよりも薄い生地だった。ねっちりした食感で、いちじくやシナモン、ラムが渾然一体となり甘く複雑な風味が口いっぱいに広がる。このボストレンゴは、町の長老、料理上手の83歳のベルナルディーニ・マリア・ジューリアさんが伝承してきた「町の伝統食認証」レシピで作られていた。ベースとなるのは、日が経って堅くなったパン。これを水で柔らかくし、レーズン、くるみ、りんご、柑橘類の皮を加える。ところが、ここから10km離れた地域ではココアを加え、また、ゆでた米や卵、バターや油、チョコレート、栗の粉を加えるところもあり、その分量もさまざま、好みに合わせられる作り勝手のよいドルチェでもある。

さらに調べてみると、なんと38の町でボストレンゴを作っていることが判明した。「いつか、みんなで集まりボストレンゴ大会を開きたい」と、夢を語るマッシモさん。最後に、アペッキオのボストレンゴには、デザートワインではなく、スパイシーなカラメルの風味がする、個性的な地元の黒いクラフトビールをすすめてくれた。

---

### 材料（約10人分）
パン（堅くなったもの。
　あればパーネ・カサレッチョ→p.137）
　… 300g
小麦粉（タイプ00）… 100g
とうもろこし粉 … 100g
グラニュー糖 … 500g
りんご … 700g
くるみ … 150g
いちじく（ドライ）… 150g
レーズン … 150g
オレンジの皮とレモンの皮
　（ともにすりおろす）、塩、ラム、
　バニラパウダー、シナモンパウダー
　… 各適量

### 下準備
・オーブンを170℃に温める。

### 作り方
1　水1.5ℓとパンをちぎって入れた鍋を火にかけ、沸騰したら小麦粉、とうもろこし粉、グラニュー糖、ラムを加え、3分ほど混ぜ合わせる。
2　ボウルに皮をむき8つ割にして薄く切ったりんご、粗く刻んだくるみといちじく、レーズン、オレンジの皮とレモンの皮、バニラパウダーとシナモンパウダー、塩を混ぜ合わせる。
3　1と2を合わせて混ぜ、足りなければ水を加え、おかゆ状にする。
4　天板に油（分量外）を塗り、3を厚さ3cmほどに入れ表面を平らにする。
5　170℃のオーブンで様子を見ながら約90分焼き、焼けたらオーブンの中に15分おいておく。
6　取り出して、粗熱が取れたら8cm角の正方形に切る。

*memo*
◆ ゆでた米や卵、バター、ココアパウダーを加えたり、またラムの代わりに好みのリキュールを加えても。

【アブルッツォ州】
田舎パンがヒントになった
アーモンドケーキ

# パロッツォ
## Parrozzo

創作クリスマス菓子

　アドリア海に面したイタリア中部のアブルッツォ州は、面積の割に人口が少ない。耕地になりにくい厳しい地形によるのだろうが、それはまた羊の群れをのんびりと放牧させる田園風景を生み出した。

　この羊飼いたちはふだん、小麦粉にとうもろこしの粉や麩を練り込んで丸めて焼いただけのこんもりとした日持ちのする田舎パン、パン・ロッツォ（pan rozzo）を食べていた。薪窯でこんがり焼いた「素朴な自然のままのパン」という意味だが、このパンに由来しているのが同州ペスカーラの町の銘菓、パロッツォである。

　素朴な田舎のパンがどうして銘菓に？　その陰には郷土愛にあふれるイタリア人気質があった。

　パロッツォの誕生にはペスカーラ生まれの二人の人物がかかわっている。ひとりはこのドルチェを考案した父親から菓子店を継いだルイジ・ダミーコ。もうひとりがパロッツォと命名した文学者のガブリエーレ・ダヌンツィオである。ダヌンツィオは官能の愛を華麗に描き出し、19世紀の終わりから20世紀にかけてヨーロッパ中に名を馳せた詩人であり、小説家、劇作家でもある。

　ダミーコはある時パン・ロッツォをヒントに、材料のとうもろこし粉の代わりに卵黄を使い、半球形に焼き上げた。そこにチョコレートをかけて焦げ目を模したドルチェに仕立て、1900年代はじめのある日、店頭に並べて売り始めたのである。この甘いパン・ロッツォを見たダヌンツィオは「パロッツォ」とネーミングし、事あるごとに作品に書き記し、

中部イタリア／アブルッツォ州

宣伝した。そのおかげでイタリア全国に知れ渡るドルチェになったというわけだ。そして最近では大きな切り分け用のパロッツォから、気軽に楽しめる小さなパロッツィーノもでてきている。また新規の包装法で、日持ちが6ヶ月ものびたことにより、アメリカやオーストラリアにも送られ、海外でもその名が知られるようになった。

　当地では、この銘菓がなくてはクリスマスを過ごせない。華やかに郷土料理が並ぶクリスマスのテーブルでは、パロッツォが最後を飾るのがきまり。親しまれているドルチェらしく、家庭でもパロッツォ作りが広まっている。使う粉も、素朴な口当たりを強調して伝統的なレシピではセモリナ粉が使われるが、近ごろは小麦粉と片栗粉を使用することが多い。出来上がったパロッツォは風味豊かなチョコレートで化粧はされているものの、アーモンドの粉がたっぷり入り粗くざっくりした、それでいてもろくはかなげな生地に、ルーツの素朴さを残している。

　アブルッツォ州ペスカーラ出身の友人アンナは「切り分けたパロッツォには甘いリキュールを添えて」と電話をくれたが、私は同じアブルッツォ州の黒ぶどうで作ったパッシート（陰干しのぶどうで造る甘口ワインのタイプ）のワインとの組み合わせが一番気に入っている。

---

### 材料（直径16.5cmの半球型1台分）
- アーモンド（皮をむいたもの）… 100g
- グラニュー糖 … 60g
- 卵黄 … 4個
- 卵白 … 4個分
- バター（無塩）… 80g
- 小麦粉（タイプ00）… 60g
- 片栗粉 … 60g
- ビターアーモンド・エッセンス … 適量
- チョコレート … 200g

### 下準備
- 型にバターを塗り、小麦粉（ともに分量外）をふる。
- オーブンを180℃に温める。
- 小麦粉と片栗粉を合わせてふるう。

### 作り方
1 アーモンドとグラニュー糖30gを、フードプロセッサーにかけ粉状にする。
2 小鍋にバターを入れて火にかけ、バターを溶かす。
3 ボウルに卵白を入れ、ハンドミキサーでしっかり角が立つまで泡立てる。
4 別のボウルに卵黄を入れ、少しずつ残りのグラニュー糖を入れながらハンドミキサーで白っぽくなるまで泡立てる。1とビターアーモンド・エッセンスを加え、粉類を入れて混ぜ合わせる。
5 4に、泡をつぶさないようにゴムべらで3のメレンゲを加え混ぜ、2のバターを加えてなめらかな生地にする。
6 型に生地を入れて表面をならし、160℃のオーブンで50分ほど焼く。途中で表面の色が濃くなるようならアルミ箔をかぶせ、竹串を刺して焼き上がりを確認する。なにも生地がついてこなければ、型から逆さに出して網の上で冷ます。
7 チョコレートを湯煎で溶かし、上からかける。

### *memo*
◆ 生地に、すりおろしたレモンの皮やオレンジの皮を入れると、更に風味が増します。
◆ チョコレートは時間が経つとつやがなくなるので、食べる間際にかけるのがポイント。

ABRUZZO
Sulmona

【アブルッツォ州スルモーナ】

糖衣で包んだ
アーモンドドラジェ

# コンフェッティ
## Confetti

記念日を祝うお菓子

　砂糖で包まれた小さなドルチェ。日本ではフランス語の「ドラジェ」の名前で親しまれているのが、コンフェッティだ。いつでも、どこでも、全国のほとんどのパスティッチェリーアで見かけるおなじみの菓子で、生まれはどこと言いがたいが、ゆかりの町はある。イタリア中部の山あいの町スルモーナで、ここでは1400年代末からコンフェッティを作っていたという古い歴史がある。

　スルモーナは、アブルッツォ州のアドリア海側から50kmほど内陸に入った、ジツィオ川のほとりにある中世の面影を残す町。当時、この一帯で活躍していたヴェネツィア商人は東方から運んできたサトウキビのシロップをアブルッツォの産物と交換していた。

　そのうち、スルモーナの職人がこのシロップを熱すると堅い甘いものができることを発見し、これで木の実を包むようになる。その後、製法に徐々に改良が重ねられ、熱源も石炭からガスになり、現在見られるような表面のスベスベした、色合いの美しいコンフェッティが生まれたのである。

　コンフェッティの"魂"と呼ばれる、糖衣に包まれている材料は、アーモンド、ヘーゼルナッツ、ピスタチオ等のナッツ類、リキュールやフルーツのエッセンスを加えたゼリー類、フルーツの砂糖漬け、チョコレートといろいろだ。

　だが、代表格はローストして皮をむいたホールアーモンド。スルモーナでは、大粒で平たく、形がきれいで風味のよいシチリア・アーヴォラ産のアーモンドを使っている。作業は傾斜をつけて回転させる平たい大鍋バッシーナの中で行われる。バッシーナにコン

中部イタリア／アブルッツォ州

フェッティの"魂"を入れ、植物性の増粘安定剤や米粉を次々かけ、それから何回も透明なシロップを加え、下のガス火、あるいは熱風を利用して乾燥させる。この工程を繰り返して何層にもコーティングし、仕上げに薄めたシロップで表面をつるりとさせ、最後に色づけして美しいコンフェッティが出来上がる。手軽に全国の菓子店で買えるので、家庭でコンフェッティを作ることはほとんどない。

甘いコンフェッティには、アモーレがつきものだ。1700年代のトリノでは、貴族の間で恋心を打ち明けたい青年が美しい娘の乗る馬車にコンフェッティを投げ入れ、気を引くという求愛が行われていたそうだ。馬車の中のお嬢様がかわいいコンフェッティをつまみながら、それを投げ入れた青年の姿を思う……なんともロマンチックな情景ではないか。

甘い話ついでに……、イタリアではアツアツのカップルに「いつコンフェッティをくれるの？」という問いかけをする。これは「結婚はいつ？」という意味で、結婚式には必ず"白い"コンフェッティを配る習慣があるからである。

そう、白色は結婚式、銀色は銀婚式、金色は金婚式。そしてピンクは女の子のお誕生、空色が男の子のお誕生、さらにグリーンは婚約、赤は卒業、最近は離婚祝いに黄色いコンフェッティを準備するマダムもいる。ことほどさように、コンフェッティは、イタリア人の大切な人生の節目を祝うのに欠かせないドルチェなのである。

ミラノのモンテナポレオーネ通りの菓子店、マルケージの店内。棚にあるのは、さまざまな色のコンフェッティ。

---

### 材料（作りやすい分量）
アーモンド（大粒）… 400g
グラニュー糖 … 250g
はちみつ … 45g

### 下準備
・オーブンを130℃に温める。

### *memo*
◆ 表面がつるりとした光沢にはならないが、おいしい糖衣がけができます。
他のナッツ類で応用しても。

### 作り方
1 アーモンドを130℃のオーブンに入れ、30分ローストして皮をむき、冷ましておく。
2 鍋にグラニュー糖、水90㎖、はちみつを入れ火にかけ、焦がさないように完全に溶かし、火からおろし、冷ます。
3 アーモンドの先端に楊枝をさし、全体にシロップをからめる。
4 専用のミキシング機を最低の速度に設定し、アーモンドを入れ撹拌しながら乾かす。30分この作業を続け、完全に乾燥させる。

【ラツィオ州ローマ】

オレンジやレモンが香る
柔らかなパン菓子

# マリトッツォ
## Maritozzo

四旬節のお菓子

　ある日、ローマから友人のアンナが、ふっくらした楕円形の黄色い焼き菓子、ラツィオ州の銘菓マリトッツォをおみやげに持って来てくれた。さっそく試食してみると、ふんわりした食感はまるで菓子パンのよう、甘い生地とレーズンの相性もよく、いくらでも食べすすんでしまう。

　文献によると、このマリトッツォは、正式には「サント（聖なる）・マリトッツォ」あるいは「マリトッツォ・クワレジマーレ」とも呼ばれ、もともとカーニバルと復活祭の間の、40日間続く四旬節（クワレジマ）に食べられていたとある。

　その昔、中世のカトリックの戒律に従うことが当たり前だったころのことである。四旬節中は、身体の弱い年配者や病人以外は、肉や卵、チーズが禁じられ、唯一許されたのが、この聖なるマリトッツォだったのである。

　また、昔は3月の第一金曜日に、大きなハート形など趣向を凝らした生地に砂糖をかけ、男性がフィアンセに贈る習わしがあり、将来のマリート（夫の意）からのプレゼントだからマリトッツォと呼ばれるようになった、とも伝えられている。

　現在では、レーズンをはじめ、オレンジピールや松の実が入っているものを単に「クワレジマーレ」と呼ぶこともある。

　ローマのバチカン近くにあるパニフィーチョ・モスカのステーファノさんは、「長時間か

中部イタリア／ラツィオ州

け発酵させた生地で、ふんわりしたクワレジマーレを焼いています」と言う。そして、寒さが増す時季になると、レーズンなどの入らないプレーン生地のマリトッツォを焼き、たっぷりの泡立てた生クリームを挟んで店頭に並べている。そういえば、ローマのバールでも、パスティッチェリーアでも、店頭に並んでいるのは、はち切れんばかりの生クリームを挟んだマリトッツォが多い。

アンナが推薦するローマのパスティッチェリーアで、マリトッツォを注文するとすでにプレーン生地は売り切れ、申し訳なさそうに、クワレジマーレに生クリームを挟んでサービスしてくれた。"カロリー爆弾"と気にしつつも完食、そのおいしさの威力を確認した次第である。クワレジマーレと生クリームのリッチコンビの相乗効果は無敵のおいしさ、と思いきや、ローマでは、クワレジマーレはそのままで楽しみ、めいっぱい生クリームを挟むのは、プレーン生地のマリトッツォ、これが"ローマの掟"なのである。

＊左ページ写真はプレーンの生地にホイップクリームを挟んだ「マリトッツォ」と、レーズンなどの入った「クワレジマーレ」。

### 材料（10個分）
- 小麦粉（タイプ0とマニトバ粉を同割）… 370g
- グラニュー糖 … 60g
- 卵 … 2個
- バター（無塩）… 60g
- 牛乳 … 70g
- はちみつ … 20g
- ドライイースト … 7g
- オレンジの皮とレモンの皮（すりおろす）… 各1個分
- 塩 … 6g
- A ┌ レーズン … 85g
  │ オレンジピール … 30g
  └ 松の実 … 15g

### 下準備
- 牛乳を人肌に温め、ドライイーストを混ぜる。
- オーブンを160℃に温める。

### 作り方
1 ミキシング機にふるった小麦粉、準備したドライイースト液、グラニュー糖、卵、はちみつ、オレンジの皮、レモンの皮を入れ、低速で10分混ぜ、室温に戻したバターを少しずつ生地に加え混ぜ合わせる。塩を加えて混ぜ、まとまったらAを加え、均一な生地にする。粉（分量外）をはたいたボウルに入れ、布をかけて約2時間発酵させる。

2 生地が2倍に膨らむのを目安に生地を取り出し、80gずつに分け、ラグビーボールのような楕円形にして、オーブンシートを敷いた天板の上に間隔をあけて並べ、布をかけて2倍に発酵させる。

3 表面に溶き卵（分量外）を塗り、160℃のオーブンで約20分焼く。

### *memo*
◆ レーズン、オレンジピール、松の実を入れないマリトッツォの場合には、ホイップクリームを、はみ出すぐらいたっぷり入れるのがローマ風です。

LAZIO
Roma

【ラツィオ州ローマ】

ローマ風ピッツァにも使われる
食事パン

# ピッツァ・ビアンカ
## Pizza bianca

試し生地から昇格したパン

　ピッツァ・ビアンカは、ローマ風ピッツァの生地である。ローマ風ピッツァは、ナポリ風のコルニチョーネ（額縁のような周りの生地）のモチッとした食感に比べると、生地が薄くパリッとしたクリスピー感が際立っている。ひと口にピッツァといっても、イタリアには2種類あるのだ。

　それにピッツァ・ビアンカは、名前の通り白（ビアンカ）。実際は白色というよりこんがり焼き色のついた茶色をしている。白と呼ぶのは、トマトソースのピッツァの赤い色と対比しているからだ。形も円形ではなく楕円形で、一見するとフォカッチャ似だが、フォカッチャの厚くふんわりした生地に対して、さっくり、カリッとしたクリスピー感がピッツァ・ビアンカの特徴である。

　材料は、小麦粉と水、イースト、塩。好みでオリーブ油を加えることもある。生地を練り、ゆっくり4時間は発酵させ、分割して休ませてから長い楕円形にのばし、表面にオリーブ油をかけ、塩をふり、300℃と高温のオーブンで焼き上げる。焼き上がりの熱々も、もちろん極上の味。でも、少し冷めてもおいしい。そのまま食事パンとしてもいいし、チーズや生ハム、サラミ、モルタデッラ、それに豚の丸焼きのポルケッタを挟んで食べてもよし。またチョコレートクリームを塗ってドルチェとしても楽しめる。

　ピッツァ・ビアンカは、もともとパン生地を薪の窯で焼く時に、窯の温度を見るための試し焼きの生地として生まれた。温度をみるだけに焼いたほんの試し生地が、いつの間にか本番のパンに昇格したのである。

中部イタリア／ラツィオ州

LAZIO
Genzano

【ラツィオ州ジェンツァーノ】
ローマ近郊で300年以上の
歴史を持つ大型パン

# パーネ・カサレッチョ・ディ・ジェンツァーノ
## Pane casareccio di Genzano

食事を支えるふだんのパン

　ローマの南、カステッリ・ロマーニ地方の奥にジェンツァーノという町がある。ここで作られるパーネ・カサレッチョは昔からそのおいしさで知られ、かれこれ300年以上の歴史を持ち、1997年にはパンとしてイタリアでは初めてI.G.P.（保護指定地域表示→p.21）に認定された由緒あるパンでもある。
　材料は、水と小麦粉で育てた天然発酵だね、それに良質な小麦粉と清らかな水、塩。これらを練り合せた生地を約1時間発酵させ、丸形のパニョッタと細長いフィローネにまとめる。ふすまをふりかけた麻布で包み、温かい木箱の中でさらに40分ほど発酵させてから、300～320℃の窯で大きさに応じて35分～1時間20分かけて焼く。こうすると外側のクラストが厚くなり、内側の柔らかな生地を保護して均一な気泡のクラムが生まれるというわけだ。パーネ・カサレッチョはクラストの厚さが約3mmと決まっている。
　パリッと焼き上がった焦げ茶色のクラストと、スポンジのようにふんわり、しっとりしたほのかなアイボリー色のクラム。色と食感のコントラストがはっきりとして、ちぎって口に入れると小麦のふくよかな香りが満ちてくる。特に薪の窯で焼いたものはくすんだスモーク臭がして一段と芳しい。パーネ・カサレッチョはひとつが500ｇ～2.5kgと大きめで、標準がおよそ1.5kg。だが、大きくても天然発酵だねで作られるからか1週間は日持ちしておいしく食べられる。まさに食事を支えるパンとしてふさわしく、またニュートラルな味わいは主張し過ぎることなく、多様な料理とも相性がよさそうだ。

## Column 2

## イタリア人の食卓と甘みの変遷

現在に至る甘みの使われ方、そして変化をたどってみたい。

ナポリの南に、ヨーロッパ最古の医学校といわれるサレルノ医学校があった。12〜13世紀にその教師たちが予防医学の見地から書いた『サレルノ養生訓』は広くヨーロッパの知識人たちに読まれていた。その養生訓では味覚を3タイプに分け、"甘み"を爽やかな味や脂っこさとともに「穏やかな味覚」に分類している。ちなみに、酸味や渋み、きつい味は「興ざめする味覚」、塩味や辛み、苦みは「激しい味覚」としている。甘いものは、味わうと気持ちが穏やかになり、心が和んで癒される特性があるというのである。

### ◆本格的なドルチェの登場は18世紀

そうした効用が認知されていたにもかかわらず、甘いものを愛するイタリア人の食卓に「甘み」が登場するのは意外に遅い。現在私たちが考えるような本格的なドルチェが盛んになったのは18世紀になってからである。それまでは、甘みと塩味の境界が定かではない渾然一体となった味わいが好まれていた。鴨のオレンジ煮に代表されるような、甘くて酸っぱい「アグロドルチェ」味が、ルネッサンス期の人気料理だったのである。当時は甘みを強調するのではなく、そこに塩味や酸味を加えたコントラストやハーモニーのある複雑な味わいが好まれていた。

現代のイタリア語で菓子店を意味する「パスティッチェリーア」は、昔のジビエや肉、魚の「パスティッチ」から来ている。この料理は、甘みのあるパイ生地で塩味の肉や魚を包んで調理したものである。今でもピエモンテ州の郷土料理のフリット・ミストには必ずアマレッティのフリットや甘く味をつけたセモリナ粉をポレンタ状に練ったフリットを加えるし、エミリア＝ロマーニャ州の肉入りのソースで和えたマカロニを甘い練りパイ生地で包んだ料理も、その名残を感じさせる。もうひとつ「甘み」の登場が遅くなった理由は、甘みを容易に加えることができる砂糖が入手しにくかったからである。実際に長いこと、砂糖は遠方からやってくるスパイスと同じようにほんの少しだけ使う貴重品として扱われていた。

### ◆古代ローマ時代の甘味料は濃縮ぶどう汁

さかのぼり、古代ローマ時代では、砂糖が採れるさとうきびは医学の分野で利用される珍しい植物ぐらいにしか考えられていなかったようだ。当時の主な甘味料ははちみつと、完熟したぶどう汁を煮つめて作る濃縮ぶどう汁。このぶどう汁は、濃縮度により3種類あり、最初の量の3分の2まで煮つめたものがカロエヌム、2分の1から3分の1まで煮つめたものがデフルトゥム、3分の1まで煮つめたものがサーパである。サーパはサーバとも呼

ばれ、今でもエミリア＝ロマーニャ州で生産され、水で薄めて食前酒に、またバルサミコ酢の原料として使われている。またサルデーニャ州にもサーパ、プーリア州ではヴィンコットがあり、後者は地方菓子のカルテッラーテ（→p.156）にも使われている。

ほか、古代ローマ時代の甘味料には、メラと呼ぶ、はちみつを2回搾った後に残る蜜蝋を溶かした甘い水を煮つめたものや、甘みの強いいちじくやかりんをはちみつや濃縮ぶどう汁で煮つめた果汁が作られていた。しかし、当時のはちみつは需要を満たすほど量が採れず、常に倹約を強いられていた。古代ローマ時代のレシピを忠実に再現して作ったプリンや菓子に甘みが少ないのはそのため、と『古代ローマの饗宴』（講談社学術文庫）を著したエウジェニア・サルツァ・プリーナ・リコッティ女史は解説している。女史は、古代ローマ時代に関する多数の論文を書き、食に詳しく『Ricette della cucina romana a Pompei e come eseguirle（ローマからポンペイのレシピ）』の著者でもある。

### ◆ はちみつは中世、砂糖は大航海時代から

中世になると、食に関して修道院の役割が大きくなってくる。ドルチェもしかり、当時の民衆は飢えをしのぐので精一杯、とても甘みに近づく余裕はなかった。一方、神に仕える修道女は、祈りの合間に捧げ物や自給の産物を使っておいしい物を作るのに余念がなかったようである。この時期の修道院では技術を凝らしてワインやリキュールも造られていた。数々の菓子が生み出されたとしても不思議ではない。実際、各地の修道院でパンフォルテ（→p.112）やスフォリアテッレ（→p.144）などさまざまな菓子が生まれている。

この時代も主な甘味料ははちみつである。やっと手に入るようになった貴重なシナモンやバニラ、ナツメグなどがそれに加わり、小麦粉と卵をベースにしたシンプルな菓子に対して、スパイスを加えた複雑な風味の菓子が台頭し始める。

"それまでとは違う甘さ"を主張するドルチェへと甘みが変化するのは、やはりさとうきびから採れる砂糖がふんだんに入るようになってからである。その兆しは大航海時代の幕開けに一致する。ヨーロッパ諸国は新大陸を求め大海に進出し始め、15〜16世紀になると西インド諸島などを植民地とし、ほどなく南国の気候を利用したさとうきび栽培に乗り出す。そしてヴェネツィアの敏腕な商人によって、徐々に流通が盛んになっていく。だが16世紀まで、砂糖はコーヒーと同様、高級品とされていた。

砂糖の輸入に拍車がかかったのは、甘みの利用より先に、食品の保存に役立つ特性に気がついたからだ。果物などを砂糖やシロップに漬けることにより、それまで難しかった長期保存を可能にし、同時に甘みのおいしさにも気づくようになったのである。今でも地方菓子にはオレンジやシトロンピールなどの砂糖漬けが頻繁に使われている。

## Column 3

## 掲載できなかったD.O.P.、I.G.P.のパン

今回写真入りで掲載できなかった、
D.O.P.（保護指定原産地表示）とI.G.P.（保護指定地域表示）認定の
パンを紹介します。

### パニョッタ・デル・ディッタイノ D.O.P.　　Pagnotta del Dittaino／2009年認定／食事パン

　シチリア州内陸部エンナ県とカターニア県に広がる古くから硬質小麦が栽培されてきたディッタイノ渓谷一帯で作られるパン。主材料の硬質小麦は、70％が在来のシメート、ドゥイーリオ、アルカンジェロなど限定品種、ほか30％はアメーデオ、アプッロなどの品種で、地元以外でもシチリア島内に生産地を規定した2度挽きのリマチナータ粉である。粉と水と塩、天然酵母をミキシングし、発酵させ、1～1.4kgの丸いクッション形に成形し、さらに発酵させて230℃のオーブンで焼き上げる。パンのクラストは3～4mmで明るい茶色、中身は均一なクリーム色をし、しっとりした存在感のある味わいで、5日間は保存できる。

### フォカッチャ・ディ・レッコ I.G.P.　　Focaccia di Recco／2014年認定／軽食パン

　リグーリア州、ジェノヴァの南16kmに位置するレッコで作られてきたフレッシュチーズを、2枚の薄い生地で挟んで焼いたフォカッチャである。生地の材料は小麦粉、水、E.V.オリーブ油、塩をミキシングして作り、イーストは入らない。薄くのばした生地を大きな丸型あるいは天板に敷き、その上にちぎったフレッシュチーズを置いて、更に薄くのばした生地を重ね、のせた生地のところどころに指で穴をあけ、塩をふり、E.V.オリーブ油をかけて、6～7分焼く。パリッとした部分としっとり感のある焼き上がりの生地とほのかな酸味のあるフレッシュチーズのうま味が特徴である。

### パーネ・ディ・マテーラ I.G.P.　　Pane di Matera／2008年認定／食事パン

　バジリカータ州のマテーラ県内で、硬質小麦を2度挽きしたリマチナータ粉で作るパン。材料の小麦は、マテーラ県で栽培する在来品種のカッペッリやドゥーロ・ルカーノほか地元産のみを使用している。生地は、果物の皮由来のパスタ・マードレ（天然酵母だね）20～30kgに対してリマチナータ粉100kg、水75～85ℓ、塩2.5kgをミキシングして作る。丸型の生地をずらして折り重ね、上部に切り込みを3本入れた独特な形をしている。これは共同窯で焼いていた頃の名残で、窯内にたくさんの生地が入るように工夫されたもの。また切り込みは、神の祝福の十字の意。焼き上がりはバリッとした硬いクラストに中身が淡い黄色に仕上がり、食べ応えのある食感で日持ちもよい。通常1kgサイズで作られるが、大型だと5kg、最近は小型の1/2～1/4kgのものもある。

# Sud

南イタリア

Campania
Molise
Basilicata
Puglia
Calabria
Sicilia
Sardegna

【カンパーニア州】

ナポリ風サヴァラン

# ババ

Babà

外国生まれのお菓子

---

　ある日、アメリカ人の友人マーガレットが訪ねてきた。彼女曰く「甘いもの好きの両親が遊びに来たのだけれど、イタリアのドルチェはだめなの」と、困った顔をしている。ほとんどのケーキにアルコールが入っているからだという。そういえばアメリカのケーキは健康至上主義。不純な（？）アルコールなどは入っていないらしい。

　アルコールたっぷりのイタリア菓子のなかでも、最たるものがババである。ナポリ菓子が得意なミラノのパスティッチェリーアでも、ババを注文すると、ガラスの広口瓶からラム酒をしたたらせながら取り出してくる。シンプルなババは大きなかめ型の瓶にラム酒とともに漬けられている。

　ババはナポリ生まれの菓子として有名だが、元はフランス育ちのクグロフである。18世紀、家督争いのためフランスに亡命中だったポーランド王はクグロフに目がなかった。いつものお気に入りにラム酒をかけたら、なかなかいける。さっそく『千夜一夜物語』にちなんで「アリババ」と名づけた。これが評判となり、パリの菓子職人が「オー・ババ」という店を開店してババは看板菓子になる。その後、菓子職人のジュリアン兄弟が蛇の目型に焼いたドーナツ状のものを考案。偉大な食通として著名なブリア・サヴァランにあやかってサヴァランと命名し、ポピュラーに。ナポリには1800年代に伝えられた。当時ナポリの上流階級で流行っていたおかかえコックをパリで研修させた時のおみやげらしい。

　作り方は、小麦粉をベースにイーストで発酵させソフトな生地を作り、オーブンで焼き上げる。そして「バーニャ」と呼ぶシロップとラム酒をミックスしたものに漬けて出来上

南イタリア／カンパーニア州

がり。シンプルにそのままのものもあれば、生クリームやカスタードクリームで飾りつけしたものもあり、菓子店ではその姿でショーケースに入れられる。

　イタリア旅行が初めてだったというある日本の友人は、「いろいろ試したけれど、ドルチェは絶対にババに限る」と譲らない。アンティパスト、プリモ、セコンドとしっかり食べたあと、毎回デザートにはババを所望。ナポリ空港で帰国の出発間際までババをほおばっていた。でも、重いのを我慢すれば瓶入りミニサイズのババを日本に持ち帰って楽しむこともできる。バーニャに浸りっぱなしのミニババには、ラム酒風味とレモンのリキュールのリモンチェッロ風味、そしてコーヒー風味などがある。

　最後に、ババにはまった友人にいつも忠告していたことを皆さんにもお伝えしておこう。イタリアでは「婆」といわず、後ろのバにアクセントをつけ、語尾を上げて「ババ」と発音していただきたいと。老婆心ながら。

### 材料（作りやすい分量）
小麦粉（タイプ0。あればマニトバ粉）
　　… 250g
全卵 … 250g
生イースト … 20g
塩 … 4g
はちみつ（アカシア）… 20g
バター（無塩。柔らかくする）… 90g
〈バーニャ〉
グラニュー糖 … 350g
レモンの皮（すりおろす）… 1個分
バニラ棒 … 1本
ラム … 25g

### *memo*
◆ そのままでもおいしいですが、漉したあんずジャムを刷毛で塗ったり、カスタードクリームやホイップクリーム、ドレンチェリー、シロップ漬けのアマレーナ、フレッシュないちごやベリー類をデコレートすると、華やかなドルチェになります。
◆ ラムの代わりに、リモンチェッロ、ストレーガなどの好みのリキュールを使っても。また、バーニャにホールのシナモンやスターアニスを加えると風味が増します。

### 作り方
1. ミキシング機に小麦粉を入れ、イーストと塩を離して入れ、はちみつ、半量のバターと卵を加え、ゆっくりのスピードで混ぜ、まとまってきたら速度を上げ、7分ほど混ぜ合わせる。
2. 均一に混ざったら、残りのバターを入れ速度を上げて混ぜ、まとまったら、残りの卵を少量ずつ加えて混ぜる。次第になめらかなのびのよい生地になる。
3. ミキシング機から生地を取り出し、5分休ませる。
4. 指先を使い、両手の間を行ったり来たりさせて捏ねる。生地を絞り袋に入れ、指に水をつけて、絞り出した生地を指先で切り落とすようにしてババ型に容量の半分まで入れ、40分ほど発酵させる。
5. 220℃のオーブンで12分焼き、冷ましておく。
6. バーニャを作る。鍋に水700mℓ、グラニュー糖、レモンの皮、バニラ棒を入れ火にかけ、沸騰させる。
7. 火からおろし、ラムを加える。
8. 5を40〜45℃のバーニャに入れ、穴あきお玉の背で押さえるようにして中までしみ込ませながら完全に冷ます。

【カンパーニア州】

リコッタクリームを詰めた
貝形の極薄パイ

# スフォリアテッレ
## Sfogliatelle

修道院生まれのお菓子

　スフォリアテッレはナポリ人に熱愛されている、ナポリを代表するドルチェ。薄く、幾重にも重ねた粉生地で貝の形をかたどった美しい焼き菓子である。
「これってヴィーナス誕生の貝殻に似ていると思いませんか」
　いとおしそうに眺めるのは、ナポリの老舗パスティッチェリーア「スカトゥルキオ」のオーナー、マリオさん。この店では、旧市街の工房で毎日700個、日曜には1000個のスフォリアテッレを作っている。
　このお菓子の一番の特徴である薄片状の生地は、作るのに大変な手間がかかる。だから家庭で作るのはおすすめしない、と言う。オーブンから焼き上がったばかりのスフォリアテッレは、重なる薄片が香ばしそうにパリッと立ち上がり、つい手をのばしたくなる。でも「オーブンから出して熱が飛び、ほんのり温かい感じになった時が食べごろです」とマリオさん。焼きたてのあつあつは、中に入っているリコッタが作用して、お腹の活動を活発にしすぎてしまうからだそう。口の中が切れそうなくらいに薄くパリパリした生地と、しっかりしたセモリナ粉入りリコッタクリームがおもしろいコントラストである。
　この貝形は、正式には「スフォリアテッレ・リッチェ（巻いたもの、の意）」と呼ぶ。この他に、中身のクリームが同じで練りパイ生地でできた「スフォリアテッレ・フロッラ」もある。そして、同じ貝形でも少し平べったい折りパイ生地に、カスタードやチョコクリームを詰めたものが「フランチェジーナ（フランスのお嬢さん）」。でも、マリオさんは、「フ

南イタリア／カンパーニア州

ランチェジーナは生地にスーニャ（精製度の高いラード）ではなくバターを使っているから、まったくの別物。最近はコーダ・ディ・アラゴスタ（伊勢エビの尾）という貝形を引きのばした形のものも出てきていますが、本場ナポリではなんといってもスフォリアテッレ・リッチェですね」。

元祖スフォリアテッレ・リッチェは、ナポリの修道院で生まれ、南アマルフィのサンタ・ローザ修道院で磨きがかけられたといわれている。アマルフィは、その昔、海洋国として栄え、今はその美しい景観で知られるところ。修道女が考案したオリジナルレシピは外側の生地に卵が入り、中のクリームにアーモンドが入っていたそうだ。ナポリの良家の子女が集まっていた当時の修道院では、きっとしなやかな指先でスフォリアテッレが作られていたのであろう。

南イタリアのパスティッチェリーアのショーケースには、ミニョン（左側）と並んでスフォリアテッレ（右奥）やババ（右手前。→p.142）が並ぶ。

#### 材料と作り方

セモリナ粉、水、はちみつ、塩をよく練り合わせて休ませ、いったん幅30cm、長さ10mの巻紙状にのばす。片面にスーニャ（精製ラード）を塗り、透けて見えるほどに極薄にのばす。スーニャが均一に広がったら、巻紙のように巻いていく。これを休ませたあと、今度はロール状の生地を親指と人差し指で輪を作るようにしごいて細くし、直径8cmほどにする。端から1cm幅の輪切りにして片面にスーニャを塗る。中心に親指を置いて周りをじょうごのように広げ、このくぼみにクリームを詰めてふっくらした貝形に整える。クリームは、リコッタ、セモリナ粉、シトロンとオレンジのピール、砂糖、卵、シナモン、バニラを煮たもの。220℃のオーブンに入れ、25分ほど焼く。

【カンパーニア州】
はちみつがけの揚げ菓子

# ストゥルッフォリ
## Struffoli

クリスマス菓子

　自宅近くに「アンティークな香り」という看板を掲げた食料品店がある。南イタリアからの厳選した食材をそろえる店で、木枯らしが吹くころになると、ウインドーにはナポリ菓子「ストゥルッフォリ」が飾られる。

　ストゥルッフォリは揚げ菓子のひとつだが、ギリシャ語の「丸い何か」という意味の「ストゥルゴロス」から派生した言葉らしい。歴史的にギリシャの影響を強く受けた南イタリアの名残ともいえる、伝統的なドルチェである。ただギリシャより、もっと先の東方の国からやってきたという説も有力だ。

　トリノの近くに住むマリア＝テレーザは「ストゥルッフォリはよく作るのよ。簡単だから誰にでもできるわ」と言ってレシピをくれた。彼女の父親は、ナポリ近郊のカプア出身である。

　そのレシピによると、小麦粉や卵、ワインなどの他に、彼女の工夫でバニラ風味のベーキングパウダーを入れて生地を作る。それを小さく丸めて油で揚げ、温めたはちみつに入れてから、刻んだアーモンドと切り分けたフルーツの砂糖漬けを混ぜ合わせる。これをリング状に盛り、カラースプレーを散らす。早速作ったのが写真の品。今回はフルーツの砂糖漬けとホールアーモンドをはちみつに混ぜないで、好みで取り分けられるよう中央に盛ってみた。

　その後、何冊かのナポリ料理やナポリ菓子の本を読んでみると、伝統的なストゥルッ

南イタリア／カンパーニア州

フォリの生地にはベーキングパウダーが入っていない。もっと歯応えのある、堅い揚げ菓子になるようだ。マリア＝テレーザ流のストゥルッフォリは、はちみつを含んだ外側がソフトで内側はサクッとした軽い生地になり、食べやすい。

　もっと古典的なレシピには、ワインの代わりにリキュールを入れたり、油ではなく精製ラードで揚げるとある。他にも、盛りつけはリング状ではなくピラミッドのように山にするというのもあった。また、カラーブリア州にはよく似た揚げ菓子の「チチラータ」があり、揚げたものをはちみつでまとめ、太いソーセージ状にして端から切り分ける。

　その昔、砂糖は貴重品で庶民には手の届かない高級食材であり、はちみつが甘味の主流だった。しかし砂糖が気軽に使えるようになった今日でも、イタリア各地にははちみつが主役のドルチェが数多く残っている。その代表的な菓子が、このストゥルッフォリである。

　そして、これは本来クリスマスに作られる。"これから迎える年が、はちみつのようにドルチェ（甘美で穏やか）でありますように"との願いを込めて。

## 材料（8〜10人分）

〈生地〉
小麦粉（タイプ00）… 400g
全卵 … 3個
白ワイン … 大さじ4
バター（無塩）… 60g
レモンの皮とオレンジの皮（すりおろす）
　　… 各1個分
グラニュー糖 … 40g
ベーキングパウダー … 6g
塩 … ひとつまみ
揚げ油 … 適量
〈仕上げ〉
はちみつ … 250g
オレンジの皮（すりおろす）… 1個分
カラースプレー、シトロンピール、
　　オレンジピール、アーモンド … 各適量

**下準備**
・バターを常温にし、柔らかくする。
・小麦粉をふるう。
・アーモンドを180℃のオーブンで7〜8分ローストする。

## 作り方

1　台の上に小麦粉を山高にのせ、中央にくぼみを作り、卵、白ワイン、バター、レモンとオレンジの皮、グラニュー糖、ベーキングパウダー、塩を入れる。よく練り混ぜてから、丸めてラップで包み、室温で1時間休ませる。

2　適宜の大きさに分け、ころがして直径1cmくらいの細い棒状にする。ナイフで約1〜1.5cm幅に切り分け、手のひらで小さなボール状に丸める。

3　約160℃の揚げ油で揚げ、紙の上に取り出して油をきる。

4　平鍋にはちみつを入れて火にかけ、ふつふつと沸いてきたらオレンジの皮を加え、3の生地を全量入れて全体を静かに混ぜ、火を止める。

5　4を皿にリング状に盛り、カラースプレーをふりかけ、刻んだピール2種とアーモンドを飾る。

### memo

◆ イタリアではバニラ風味のベーキングパウダーを使います。
◆ 生地は揚げるとふくらむので、小さめに丸めた方がはちみつを絡めやすくなります。
◆ はちみつを煮詰めすぎると、仕上がりがとても堅くなってしまうので注意してください。

【カンパーニア州ナポリ】

小麦粒入りリコッタチーズケーキ

# パスティエーラ
## Pastiera

復活祭のお菓子

　ナポリ銘菓のパスティエーラは春を呼ぶ復活祭のドルチェ。シナモンとオレンジの香りが漂い、中に詰めてあるしっとりしたクリームと、歯触りがプチプチとして元気のよい小麦粒とのコントラストがおもしろいトルタである。

　このドルチェの由来にはいくつもの説がある。キリスト教以前の異教の春がくり返されることを祝う儀式の甘いフォカッチャからとも、ローマ時代のファッロ小麦粒とリコッタで作った婚礼菓子からとも、コンスタンティヌス皇帝時代の復活祭の洗礼式に由来するともいわれるが、最近ではナポリのひなびた修道院の名もない修道女が考案したという説が有力になってきた。修道女は、このお菓子が復活祭のシンボルになるようにと、白いリコッタに、芽を吹き力強さを表す小麦粒を加え、新しい生命のシンボルである卵と、春の到来を感じさせるオレンジの花で作ったエッセンスなどを加えてトルタ（ホールケーキ）に焼き上げた……。

　ともあれ、現代のナポリの料理上手な主婦は必ずひとつ、とっておきのパスティエーラのレシピを持っているといわれる。

　アンナ・ゴゼッティ・デッラ・サルダ著の『Le ricette regionali italiane（イタリア地方料理のレシピ集）』を見ると、なんと3分の1近くの説明を硬質小麦粒の下処理に費やしている。毎日水を替えながら8日間もぬるま湯に浸して柔らかく戻してからゆでて、更に牛乳で煮るというものだ。冷ましたこの小麦粒に、リコッタ、卵黄、シナモン、ピール類、レモンの皮やオレンジの花のエッセンスで詰めもののクリームを作る。タルト生地を

敷いた型にこのクリームを流し、リボン状に切った生地を格子模様にのせてオーブンで焼き、冷めてから粉糖をふれば出来上がり。

　時間と手間のかかる硬質小麦粒の下処理にひるんでしまう主婦も多いが、そんな向きには、すでに柔らかく煮たパスティエーラ用「麦粒缶詰」という強い味方があって、全国のどこのスーパーでも売られている。

　これまで、リコッタで作るドルチェは新鮮さが命とばかり思っていたが、このパスティエーラは別。すべての材料を馴染ませるために、焼いてから2〜3日後に食べる。昔から、復活祭前の木曜日に作り、当日の日曜日に食べるのが習わしだ。その間にクリームのしっとり感が外側のタルト生地にも移るため、もろくなりやすい。そのため伝統的なナポリのパスティッチェリーアでは、今でも持ち帰り用にパスティエーラ専用の「メタル製容器」に入れてくれる。

　ナポリの友人ジェンナーロも、鈍い鉛色の円盤形の容器に入れて持ってきてくれた。なんだか、とても特別なドルチェという雰囲気。もしかしたら、パスティエーラはナポリの人々を神聖な気分にさせるお菓子なのかもしれない。

### 材料と作り方

底が直径20cmのマンケ型に精製ラードを塗り、粉をはたいておき、オーブンは180℃に温める。生地を作る。ボウルに小麦粉（タイプ00）315g、精製ラード180g、グラニュー糖135g、卵黄3個を入れて混ぜ合わせ、均一な生地になるまで捏ねる。ひとつにまとめ、ラップに包んで1時間冷蔵庫で休ませる。

詰めものを作る。鍋に牛乳250gを入れ、ゆでた硬質小麦粒350g、レモンの皮のすりおろし1個分を入れて、中火にかけ20分煮て冷ましておく。羊乳のリコッタをざるで漉してボウルに入れ、グラニュー糖350g、卵3個を加えて混ぜ、牛乳で煮た小麦粒、シトロンとオレンジのピールを角切りにしたもの各50g、オレンジフラワーウォーター、バニラビーンズ各少量を加えて混ぜる。生地を5mm厚さにのばし、型に敷く。型にリコッタクリームを入れ、表面を平らにして残りの生地を幅1cmのリボン状にし、ひし形の格子状になるように飾りをつける。

180℃のオーブンで約80分焼く。60分頃に一度様子を見て、焼き色がつきすぎるようなら下段に移す。完全に冷まし、好みで粉糖をかける。麦粒の食感が気になる場合は、あらかじめミキサーにかけ、クリーム状にする。精製ラードの代わりにバターを使う場合は、155gにする。リコッタの水分が多い場合はざるに入れて水切りする。

CAMPANIA
Napoli

【カンパーニア州ナポリ】

ナポリのリング形シュー

# ゼッポレ
## Zeppole

行事のために生まれたお菓子

　この菓子と出合ったのは、ナポリの友人カルミネを訪ねただいぶ前のこと。彼に連れられて道幅の狭いごみごみした町中を歩いていると、パスティッチェリーアのウィンドーに目がいった。そこには大ぶりなケーキと一緒に、これまた大きなゼッポレが並んでいた。

　添えられたユーモラスな手書きの名前につられて見ているうちに、昔、よくおみやげにねだっていた東京・六本木の交差点角にあるA店のリングシューを思い出した。ただ、ゼッポレにはイタリア的というかナポリ的に、真ん中に派手なチェリーがのっている。さっそくカルミネを誘って、クリームが横からはみ出さんばかりにたっぷり入ったゼッポレを試食してみた。サクッとしたシュー生地と卵の風味がするどっしりとしたカスタードクリーム。そのボリューム感に圧倒された。

　ミラノに戻ってからもこの味が忘れられず、パスティッチェリーアをハシゴしたものの、その時の感動がよみがえってこない。それに初めてのゼッポレには、確か「サン・ジュゼッペの……」という名前がついていたように覚えているが、その後出会ったリングシューはすべて、単に「ゼッポレ」となっていた。

　気にかかり、ピエロ・セッラ、リア・フェレッティ共著の『Il grande libro della pasticceria napoletana（ナポリ菓子の本）』を手にしてみた。それによると、すでに1700年代のナポリでは3月19日のサン・ジュゼッペの日に、揚げもの専門店が店先でゼッポレを作っていたそうだ。ジュゼッペは木工職人だったが、なぜか民衆の間では揚げもの上手を守る聖人として知られている。ナポリ人には非常に親しまれている菓子らしく、7タイプもの多様なゼッポレのレシピが載っていた。シンプルに小麦粉、水、塩を練って揚

南イタリア／カンパーニア州

げ、粉糖をかけたもの、水の代わりに白ワインを使ったもの、シュー生地を揚げたもの、それにジャムやカスタードクリームを入れたもの等。また他の文献を見ると、ナポリだけでなくアブルッツォ、プーリア、サルデーニャ、シチリアなどイタリア中南部に広く伝わっている。これらは揚げるところは同じだが、生地にイーストを加えてふっくら作るものが多い。

先日見つけた、1837年に出版されたイッポリト・カヴァルカンティの『La cucina teorico-pratica（理論的・実践的料理）』にもゼッポレが載っていた。それにも生地をストゥルット（精製ラード）か油で揚げる、とあった。この本はナポリ料理の歴史をつづった権威ある料理書である。

ナポリでは近ごろ、以前より小ぶりになり、生地をオーブンで焼いたゼッポレも出てきた。嬉しい事に一年中店に並ぶようになったが、春先のサン・ジュゼッペの日は、イタリアではキリストの父ヨセフにちなんだ「父の日」でもある。ゼッポレは、スイーツ好きなパパと一緒に味わうのにもってこいのドルチェのようだ。

### 材料（約15個分）

バター（無塩）… 70g
小麦粉（タイプ00）… 150g
グラニュー糖 … 40g
全卵 … 3個
レモンの皮 … 1個分
塩、揚げ油 … 各適量
〈カスタードクリーム〉
牛乳 … 250㎖
卵黄 … 3個
レモンの皮（すりおろす）… 1/2個分
小麦粉（タイプ00）… 30g
グラニュー糖 … 60g
バニラビーンズ … 適量
〈飾り用〉
シロップ漬けのアマレーナ、
バニラ風味の粉糖

#### *memo*
◆ シロップ漬けのアマレーナの代わりに、ドレンチェリーにしてもよいです。

### 下準備（カスタードクリームを以下の手順で準備し、冷ましておく）

1 小鍋に牛乳とバニラビーンズとレモンの皮を入れて温め、風味が出たら、漉す。
2 別の鍋に卵黄とグラニュー糖を混ぜ、小麦粉を加え混ぜ合わせる。そこに**1**を加えてよく混ぜ合わせ、弱火にかけとろりとするまでかき混ぜる。
3 平たい容器に**2**を入れ、表面が乾かないようにラップを表面にぴったり貼りつけるようにして覆う。

### 作り方

1 鍋に水250㎖とバターを入れ火にかけ、完全にバターが溶けたら火を止め、小麦粉と塩を加えてゴムべらでよく混ぜ合わせる。
2 再び火をつけ、混ぜた生地が鍋底から離れるようになったら、火からおろしてボウルに移して冷ます。
3 グラニュー糖、レモンの皮を加え混ぜ、少し冷めたら、卵を1個ずつ加えてなめらかになるまで混ぜる。
4 星形の口金をつけた絞り袋に生地を入れて、8cm角に切ったオーブンシートの上に、直径5cmの円を描くように絞り出し、外側を2周してドーナツ型にする。
5 170℃に熱した揚げ油にオーブンシートごと入れる。自然とシートがはがれるので取り除き、色づくまで両面を揚げる。
6 冷めたら、絞り袋に入れたクリームをゼッポレの中央の穴に絞り出し、その上にアマレーナを飾り、粉糖をかける。

MOLISE
Agnone

【モリーゼ州アニョーネ】
小麦粉で作った薄皮で
甘いナッツを挟んだ菓子

# オスティエ・リピエーネ
## Ostie ripiene

クリスマス菓子

　モリーゼ州アニョーネの伝統的な菓子で「天使の歓び」とも呼ばれ、クリスマスになくてはならないドルチェ。透けるように薄い2枚のオスティアに、ミックスしたはちみつとナッツ類が挟んである、それがオスティエ・リピエーネだ。白いオスティアは、どことなく気高く神々しい。それもそのはず、オスティアは聖体として宗教行事に使われ、人々の多くがカトリック信者のイタリアでは、ミサでも馴染みがあるものだ。

　アニョーネで、オスティエ・リピエーネを作っているニーノ・ラッバーテさんは、「お菓子作りの上手なクラリッセ修道院で、甘く煮ていたナッツをオスティアに落としたことから生まれたと伝えられています」とエピソードを披露してくれた。その落としたナッツが、なかなかオスティアから離れない、試しに食べてみるとおいしいと気づいて、そこから徐々にココアやチョコレートなどの材料を加え、現在のようになったようだ。今では、アニョーネの各家庭の好みに合わせたレシピがあり、クリスマス時期には子どもも交えて一家でオスティエ・リピエーネを作り、またプレゼントするのが恒例である。

　ただ、このオスティアを家庭で作るには、焼くための金属製の道具、そして焼く際にもコツとかなりの経験が必要らしい。ニーノさんは、工房内の大きなアイロン台のような金属製の台で生地を挟み、上下から120℃の電熱を使って焼いている。

　「材料は小麦粉と水だけ。でもシンプルなものほど難しい」。家庭でも手軽にオスティエ・リピエーネ作りに挑戦できるよう、店ではオスティアのみも販売している。

南イタリア／モリーゼ州

　毎年クリスマス時期になると、ニーノさんはこのお菓子をバチカンに献上しているが、異例の早さで2014年に聖人となった法王ヨハネ・パウロ2世も、このオスティエ・リピエーネが大のお気に入りだった。1995年にアニョーネの菓子工房を訪れた法王は、ニーノさん一家とともに、このドルチェを楽しんだそうだ。そのことから、ニーノさんは「法王のパティシエ」とも呼ばれていた。

　アニョーネの住人は、約5000人。24もの教会があり、また千年の歴史を誇る教会の鐘を作る鋳物工房もあり、"鐘の町"としても知られている。モリーゼの片隅の小さな町は、このドルチェにふさわしい神聖な空気に包まれている。

## 材料（約30個分）

〈オスティア生地〉
小麦粉（タイプ00）… 250g
水 … 500g
〈詰めもの〉
はちみつ … 250g
グラニュー糖 … 25g
くるみ（粗く刻む）… 300g
アーモンド（ローストして粗く刻む）
　… 200g
チョコレート（粗く刻む）… 125g
ココアパウダー … 25g
オレンジの皮（細切り）… 1個分
クローブパウダー、シナモンパウダー
　… 各適量

## 作り方

1　オスティアを作る。水に粉をふるい入れて、ダマができないようによく混ぜて生地を作る。
2　ガス火の上で、金属製の円形オスティア用焼成器の両面を温め、器具の間に生地を流し、挟んで数秒両面を焼く。取り出して、はみ出した生地をはさみで切り取り、軽く重しをして平らにしながら冷ます。
3　詰めものを作る。底の厚い鍋にはちみつを入れて熱し、グラニュー糖を入れてふつふつと泡が出てきたら、チョコレートとココアパウダーを加え溶かす。オレンジの皮、クローブ、シナモンを入れ、スプーンの背を使って糸を引くまで煮たら、くるみとアーモンドを加え混ぜ、火からおろして熱湯を入れた鍋につけ、湯煎にする。
4　2で焼いたオスティアの上に、3の詰めものをのせ、水で濡らした指先を使って平らにし、上にオスティアをのせて、挟む。
5　出来上がった4の上に、軽い重しをして一晩おき、オスティアと詰めものが馴染むようにする。

*memo*
◆ 入れるナッツ類の量はお好みで、
　くるみとアーモンドが半々でもおいしくできます。

BASILICATA
Matera

【バジリカータ州マテーラ】

石のように堅いアーモンド風味の菓子

# ストラッツァーテ
## Strazzate

クリスマス菓子

　マテーラは、サッシと呼ぶ石灰岩を掘って作られた洞窟住居で知られる。1993年に、町の成り立ちの特殊性からユネスコの世界遺産に認定され、観光客も多く訪れるようになった。そのマテーラの伝統的な菓子は、ストラッツァーテ。作るときに堅い生地を引きちぎって形作る意味の方言"ストラツェットゥ"から、その名が来ている。薪窯を使い、代々マテーラの地で硬質小麦粉のパンを焼いているマッシモ・チファレッリさんに、ストラッツァーテを作っている様子を見せてほしいと頼むと、快い返事がもらえた。

　マテーラのあるバジリカータ州は、プーリア、カンパーニア、カラーブリア各州に挟まれ、その昔ルカーニアと呼ばれていたところ。長いこと近代化から取り残され、貧しい南イタリアの典型といわれてきた土地柄だ。

「ほんとうに、とても貧しかったんですよ。だから、昔はパンが唯一の食べ物。ドルチェのストラッツァーテは、クリスマスの時にだけ作られていました」と、マッシモさん。でも今は1年中パンが焼き上がった後の、温度が下がった薪窯でストラッツァーテを焼いている。

　夜中から始めたパン作りが終わりに近づき、2回目のパン生地を薪窯に入れ終えると、マッシモさんがストラッツァーテの材料をそろえ、準備に入る。ミキシング機を回しながら、順に材料を入れ、生地作りを始めた。最後にエスプレッソコーヒーを加え、堅めの生地に仕上げる。そして作業台の上にのせた大きな生地から、スタッフ各々が"ストラ

南イタリア／バジリカータ州

ツェットゥ"し、直径4〜5cmのボール状に丸めて、オーブンシートを敷いた天板に並べる。焼き始めると、球状の生地が横に広がるので、間隔をあけてのせていく。

　パンを焼き終え、薪窯の温度が200℃ぐらいに下がった頃、天板を薪窯へ。8〜10分かけて焼きあげる。「まだ生地の中心が、心持ち柔らかい感じで取り出します」。そうしないと冷めたときに、歯が立たないくらい堅くなってしまうそう。焼き上がりを見極めるのもポイントだ。バターや卵を加えた通常のクッキーは、火の調整がしやすいガスオーブンで焼くが、ストラッツァーテは、伝統的な作り方にこだわり、薪窯で焼いている。

　出来上がったストラッツァーテは、表面にひびが入った無骨な半球形。サッシの町のドルチェらしく、かなり堅く、手で割るというより、壊す感じだ。でもそのかけらを口に含むと、アーモンドとチョコレートの風味、ザラつき感のある生地の食感が心地よく、噛み締めるとほんのりコーヒーの香りがして後を引く。このほか、マッシモさんの店では、シナモン風味のベージュ色のストラッツァーテも作っている。

　見た目はいたって地味、でも日持ちもよく、石のように堅い食感のストラッツァーテは、サッシの思い出と共にツーリストたちの格好のおみやげでもある。

マッシモさんの工房にて。薪窯に入れる前のストラッツァーテ。ボール状にまとめた生地を間隔をあけて天板に並べていく。

### 材料（作りやすい分量）

小麦粉(タイプ00) … 250g
グラニュー糖 … 250g
アーモンド(粗く刻む) … 250g
オリーブ油 … 50g
チョコチップ … 50g
ココアパウダー … 大さじ1
重曹(または重炭酸アンモニウム) … 5g
エスプレッソコーヒー … 30mℓ
アニス風味のリキュール … 15mℓ
オレンジの皮(すりおろす) … 1個分

### 下準備

- オーブンを190℃に温める。

### 作り方

1. ボウルに材料を全部入れて混ぜ合わせ、堅めの生地にする。生地がまとまらない時は、少量の水を加える。
2. 生地を直径4〜5cmのボール状に丸める。オーブンシートを敷いた天板に、間隔をあけて並べる。
3. 190℃に温めたオーブンで約15分焼き、完全に冷まし、密閉容器に入れて保存する。

【プーリア州】
バラ形の揚げ菓子

# カルテッラーテ
## Cartellate

クリスマス菓子

　カルテッラーテは、ちょうどバラの花が開いたような形の揚げ菓子。イタリア半島の南、プーリア州の名物で、とくに州都バーリ近郊が有名だ。地元ではカルテッダーテとも呼ばれる。

　材料は小麦粉、グラニュー糖、オリーブ油と辛口の白ワイン、塩。これらをよく練って生地にし、休ませてから薄くのばし、バラ形に形作る。

　これをたっぷりの油で揚げ、つまんだ側を下にして余分な油をしっかりきる。一方、鍋にははちみつを入れて温め、フツフツとしてきたら「バラ」を静かに入れて上下左右に十分染み込ませる。これで鍋から取り出せば出来上がり。はちみつの代わりに「ヴィンコット」をからめることもある（ヴィンコットは"加熱したワイン"の意味だが、ワインになる前の甘いぶどう果汁をとろ火で長時間煮つめたもの）。

　堅めのしっかりした生地にじわじわ染み込んだはちみつの甘さが、ほのぼのと暖かみを感じさせる。もちろん、冷めてからでもおいしい。

　このカルテッラーテは、よく大皿にピラミッドのように山型に盛って、上から粉糖やシナモン、カラースプレーをかけてデコレートし、お祝いのテーブルに飾る。さかのぼって14世紀、後にポーランド王妃になったボーナ・スフォルツァの結婚の宴会にも、このカルテッラーテが華やかにテーブルを賑わせたと、文献に残っている。現在でもプーリアの食卓、特にクリスマスにはなくてはならないドルチェである。

南イタリア／プーリア州

「そんな時には、スプマンテも合うけれど、冷やしたアレアーティコがぴったりだ」

プーリア出身のジュゼッペは、小さい時から親しんできた郷土の味をすすめてくれた。アレアーティコは、バーリ周辺で造られるガーネット色の甘い赤ワインである。

ミラノのわが家の近くでは、毎土曜に朝市が立つ。いつもは駐車場に使われている広場に、野菜、フルーツ、チーズ、肉、魚、乾物といった食品はもとより、衣類、靴、家庭雑貨の店が連なる。ある時、その中の一軒、菓子を山積みにしている店でカルテッラーテを見つけた。淡いクリーム色の箱に、落ち着いたオレンジ色で「プーリア銘菓カルテッラーテ」と書いてある。中を開けると、形が微妙にいびつなカルテッラーテが入っていた。美しいモダンなパッケージに、いかにもマンマの手作りといった風情の菓子。その取り合わせに、まさに"イタリアらしさ"を感じた。

### 材料（作りやすい分量）

小麦粉(タイプ00) … 500g
グラニュー糖 … 20g
E.V.オリーブ油 … 80g
白ワイン(辛口) … 120ml
全卵 … 1個
レモンの皮(すりおろす) … 1/2個分
塩、揚げ油 … 各適量
はちみつ、またはヴィンコット
　(ぶどう果汁を煮つめたもの) … 適量

### 作り方

1　小鍋にE.V.オリーブ油を弱火で温めてボウルに入れ、塩を入れ混ぜ合わせ、小麦粉、グラニュー糖、卵、レモンの皮、白ワインを加えて均一になるまで混ぜ、丸めて1時間休ませる。

2　生地を薄くのばし、波刃のパスタカッターで4〜5cm幅の長いリボンに切る。

3　リボンの両脇のギザギザ同士を合わせて2つ折りにし、半分の幅にして、合わせ目を3〜4cmごとにつまんで生地を密着させる。

4　端から少し余裕をもたせながら渦巻き状に巻いて、つまんだところをさらに細かく指でつまみ、直径6〜8cmのバラの花形にして、布をかけて冷蔵庫で一晩おく。

5　たっぷりの揚げ油で揚げ、油をきる。

6　温めたはちみつ、あるいはヴィンコットに5の上下をつけてからませ、皿に盛る。

【プーリア州サレント地方】

水をかけて食べる
硬質小麦の乾パン

# フリセッレ
## Friselle

3000年の歴史を持つパン

　プーリア方言でフリセッダとも呼ばれるフリセッレは、イタリア半島のかかと部分に当たるレッチェ県サレント地方が発祥の地である。今では、南イタリア一帯をはじめ、全国的に広まり、多くの人々に親しまれている。起源はとにかく古く、フェニキア人が長い航海に持ち運んでいた日持ちのする堅いパンとして、ファッロ小麦や大麦で作られていたとも、また一説によれば、ギリシャ神話のアイネイアスがプーリアのバディスコ港にやって来たときに持ち込んだとも伝えられている。いずれにしても航海中の保存食として、海水をかけて食べられ、かれこれ3000年の長い歴史を持つパンである。

　一般的にフリセッレは、最初に水をかけて皿の上に置き、真っ赤に熟れたトマトやアンチョビ、オレガノなどをのせ、オリーブ油をかけて食べる。口に入れると、水分を含んだ柔らかい部分とカリッと歯触りの残る食感の対比が心地よく、噛み締めるとひなびた麦の風味が広がり、よく陽に灼けた年配の漁師を思い起こさせる素朴で実直な味がする。

　今では普通の小麦粉や全粒粉でも作られるが、主流のフリセッレは硬質小麦粉（リマチナータ粉）で作られる。まず、全量の1/5の硬質小麦粉とぬるま湯で溶いたイーストを練り、30分発酵させる。残りの粉とぬるま湯を混ぜ合わせ、そこに発酵生地を入れて練り、ドーナツ型にし、2倍に発酵させてから200℃のオーブンで20〜30分焼き、水平に半分に切り、さらにオーブンで焼いて水分を飛ばす。冷めてからテーブルに叩きつけると、コーンと乾いた音がするのが上出来の証である。常備しておけば、いつでもおいしい一品ができるマンマの強い味方でもある。

南イタリア／プーリア州

PUGLIA

【プーリア州】
薪窯で香ばしく焼く
硬質小麦の大型パン

# パーネ・プリエーゼ
## Pane pugliese

硬質小麦の食事パン

　表面が粗くゴツゴツとして、バリッと堅く焼き上がっているのがパーネ・プリエーゼ。プーリア州のパンで、重量が1kgや2kgはざら。地元では時に8kgもある大きなものも作られる。また、堅いクラストに反して中のクラムは大小の気泡があり、ねっちりソフト。このねっちり感は硬質小麦を使っていることによる。

　硬質小麦（デュラム小麦）の外側の殻を取り除くと、透明で琥珀色をしたガラス質の、いかにも堅そうな粒が出てくる。これを粗く挽くとパスタの原料のセモリナ粉となり、パンには、これをさらに細かく挽いた「リマチナータ粉」を使う。

　パーネ・プリエーゼは、前日にイーストで発酵生地を仕込み、これにリマチナータ粉、水、イースト、塩を加えて練り、シルクのように薄くなめらかにのびるまで発酵させる。これを丸めて分割、成形、裏返し……と、工程ごとに十分に発酵させ、最後にクープ（切り目）を入れてさらに1時間発酵させる。これを230℃のオーブンで50分焼く。

　ミラノのような都会のパン店ではガスオーブンで焼くが、プーリアではまだ薪窯で焼く習慣が残っており、「木の香りが生地に移り、独特な風味が生まれる」と依然根強い人気がある。またプーリアには、だれもが自由に使える公共の薪窯が残る地域もあり、マンマも家で発酵させた生地を運び込んで焼いている。イタリアの自慢する食材、サラミやチーズに対して主張し過ぎることなく、それでいて素材のおいしさを支える。本来の"正しい役目"を果たす食事パンとして、イタリア食文化の礎となっている。

【プーリア州】
評判の高い良質美味な
硬質小麦を使ったD.O.P.のパン

# パーネ・ディ・アルタムーラ
## Pane di Altamura

D.O.P.初認定のパン

　パーネ・ディ・アルタムーラは、焦げ茶色のバリッと堅いクラストとは対照的に、中のクラストは緻密で淡い黄色。まるで麦畑にいるような香りがする、硬質小麦の粉で作るどっしり存在感のあるパンである。プーリア州アルタムーラの人々にとって、小麦粉といえば軟質小麦の白いものではなく、"貧しい人々の黄金"と呼ばれる薄黄色の硬質小麦のリマチナータ粉（セモリナ粉を更に細かく挽いた粉）を意味する。特に周辺のムルジャ地方で採れる小麦がおいしく、その粉で焼くパンはひと味違うとして、パンでは初めてEUからD.O.P.（保護指定原産地表示、→p.121）に指定された。

　材料は、良質な硬質小麦——アプッロ、アルカンジェロ、ドゥイリオ、シメート種のリマチナータ粉を少なくとも80％以上使う。これに天然酵母を加えて発酵させるのだが、加える水の温度やpH、成分まで細かく規定されている。形はいろいろあるが、伝統的な形はふたつ。厚い楕円形にのばした生地を少しずらして二つ折りにした変形「お供え餅形」（写真）、方言で"スクアネテ"。そしていわゆるパン・ド・カンパーニュのように円盤の中央をぷっくり膨らませた「司祭の帽子形」である。これを250℃のオーブンに入れ、始めは扉を開けて焼き、15分後に閉めて45分で焼き上げる。オーブンから取り出す時も焼き上がり5分ほど前に扉を開けて余分な蒸気を逃がしながら焼き、クラストのクリスピー感を出す。クラストは食感をよくするだけでなく、長く保存させる必要性から厚みが3mm以上なくてはならない。実際ゆうに10日は保存できるパンである。

南イタリア／プーリア州

【プーリア州】
熱湯に通してオーブンで焼く
カリッとしたリング形パン

# タラッリ
## Taralli

"ビスコット"パン

　プーリアではどこのレストランでも、スライスした大形のパンと一緒に、直径3～6cm、小さなリング形のタラッリがパン籠に入ってくる。トリノのグリッシーニ（→ p.30）と同じで、タラッリはふっくら焼かれたパンといつも対である。前菜が運ばれて来るまでの間、その手頃な小ささと、カリコリした食感の妙についつい手が出てしまう。

　実は、このタラッリ、以前は大型パンの代わりに食べられていた。だから昔は両方を一緒に食べることはなく、ふっくらしたパンかタラッリかのどちらかだけだった。

　タラッリは、小麦粉とオリーブ油、ぬるま湯で溶かしたイースト、白ワイン、塩が材料。全材料を混ぜ合わせ、少し堅めでなめらかな生地に練る。ここからタラッリ形にするのだが、まず細いひも状にのばして10～15cmの長さに切り分け、両端を重ねてリングにして2時間発酵させる。鍋に塩を入れた湯を沸かし、タラッリを少しずつ入れて浮き上がってきたらすくい取り、天板に並べて180℃のオーブンで焼き上げる。熱湯にくぐらせることでクラストが厚くなり、つるんとしたすべすべの表面にカリッとした食感が加わる。こうしてみると、タラッリも湯とオーブンで2回（ビス）加熱する（コット）、ビスコットである。

　タラッリはプーリア州だけのものと思っていたが、文献をあたると中南部一帯に点在していることがわかった。ナポリの南、カステッラマーレ・ディ・スタービアのタラッリは、湯に通さずもろい生地に仕上げたもの。同じくカンパーニア州のアヴェッリーノのそれは三つ編みのリング形で湯に通す。モリーゼ州では生地に卵や砂糖を入れ、カラーブリア州にははちみつを入れたものもある（写真最上段は砂糖がけのタラッリ）。

【カラーブリア州】

小さなバラ形トルタ

# ピッタンキューザ
## Pitta'nchiusa

クリスマス菓子

　ピッタンキューザは、小さなバラの花を集めたように焼いた菓子。イタリア半島の長靴のつま先に当たるカラーブリア州のコセンツァ県生まれである。

　この菓子を知ったのは、ミラノで開かれた食品展示会。イタリア各地のおいしいものが集められた展示会で、人ごみにもまれながら狭い通路を歩いていた時に、試食をすすめている風変わりなネーミングのドルチェに出合ったのだった。形も小ぶりでかわいらしく、思わずつまんでしまった。

　コリコリした生地の食感に続いて、中にたっぷり入っているレーズンと木の実の濃厚な甘みと香ばしい香りが口の中に充満する。スルリとなめらかな口当たりとは対極の、奥歯で噛み締めて味わうドルチェである。

　名前の最初の「ピッタ」は、小麦粉と水で作る生地を焼いたもののこと。「ンキューザ」は閉じたという意味で、どちらもカラーブリアの方言。別名、「ピッタンピリアータ（つかんで離さないピッタ）」とも呼ばれている。

　地元で作られるピッタは、ドルチェだけではなく、ピッツァのようにチーズや肉を入れた塩味バージョンのバラエティも豊富。詰めものを生地で巻き込んだり、2枚の生地で挟んだりと形状も多様である。

　甘いピッタンキューザの生地は、小麦粉にオリーブ油と卵、甘口ワインを加えて練る。この生地を休ませてから薄くのばし、その上に刻んだくるみとアーモンド、レーズン、おろしたオレンジの皮、シナモン、クローヴを散らし、端から棒状に巻いていく。

南イタリア／カラーブリア州

「僕は、伝統的なレシピを元に作りますが、甘みの強い特徴ある味は、アラブの影響を多分に受けていると思います」

ピッタンキューザをはじめカラーブリアの各種地方菓子に詳しいキリッロ・フランチェスカントーニオさんはそう説明してくれた。歴史は古く、すでに1100年頃には作られていたそうだ。

もともと、このドルチェはクリスマス時期に農家の主婦たちが、その年に収穫した野の幸を使って作っていた。そんなことから、レーズンの他に干しいちじくを入れてさらに濃厚な甘さにするところもある。

信心深い南の人たちにとってクリスマスは特に大切な行事。海外や北部へ出稼ぎに行っていた家族も帰ってくる。ピッタンキューザはそれを祝うのにふさわしいドルチェだったのだろう。

昔は、実は結婚式になくてはならない菓子だった。そのことは1728年の公証人の婚前契約書類にも載っている。そこには、結婚の宴席の終わりには、参加者の口の中が甘さでいっぱいになる上品なピッタンキューザを新婦家族が準備すること、と書かれていた。そう、幸せをつかんで離さないあま～いピッタンキューザは、まさに若いカップルにふさわしいドルチェなのである。

## 材料と作り方（作りやすい分量）

〈詰めもの〉くるみ200gと松の実60gは細かく刻み、レーズン200gはぬるま湯で洗い、水につけて戻して水気を絞る。オレンジとレモンの皮（すりおろす）各1個分、クローブパウダー小さじ½、シナモンパウダー小さじ1、甘めのリキュール80mlとはちみつ250gを混ぜ合わせる。

〈生地〉小麦粉（タイプ00）500gとベーキングパウダー10gをふるい、中央をくぼませたところに全卵2個、甘いリキュール60ml、甘口の白ワイン100ml、E.V.オリーブ油100ml、グラニュー糖大さじ2、塩とシナモンパウダー各少量、オレンジの絞り汁100mlとオレンジの皮1個分（50℃のオーブンに入れ、2時間ほど焼いて乾燥させ、細かく刻んだもの）を入れ、混ぜ合わせて均一な生地にする。

〈組み立て〉生地の⅓をのばし、直径28cmの円盤状にして型に入れ、表面にはちみつ適量と油を塗り、グラニュー糖少量をふる。残りの生地をのばし、パスタカッターで7cm幅、30cm長さの生地に切り分ける。生地の上に用意した詰めものをのせ、両脇を押さえて端から丸めながらバラの花形にする。7個できたら、型に入れた円盤状生地の上に中央に1個、その周りに6個のせ、外側の生地を寄せて花形にまとめるのが伝統的。表面に溶き卵少量を塗り、180℃のオーブンで40分ほど、色づくまで焼く。オーブンから出し、温めた甘口ワインとはちみつ各大さじ1を塗り、1日おいて乾燥させる。

*memo*

◆ 1日おくと味が馴染んでおいしい。完全に乾いたら、密閉容器に入れ1ヶ月は保存可能です。

【カラーブリア州】
干しいちじくのオーブン焼き

# クロチェッテ
## Crocette

ふだんのお菓子

　気候のせいか、イタリアの果物は概して日本のものより香りが強く、味が濃い。なかでも完熟したいちじくはびっくりするほど甘く濃厚な味わいで、ねっとりした食感はまるでジャムを食べているようだ。

　いちじくといえば、太陽が強烈に照りつける南部の特産だが、イタリア半島のつま先にあたるカラーブリア州にはこの迫力ある甘い果物を使ったドルチェが豊富にある。そのひとつがこのクロチェッテで、オーブンで焼き、シロップ漬けにして作る。

　「これには明るい緑色をしたドッタート種といういちじくを使うんです」

　1910年からコセンツァ県でいちじく菓子を作っているコラヴォルペ社の3代目ニコラさんが説明する。ドッタート種は果肉の中にある特有の粒々が細かく、口当たりのよい菓子に向く品種だという。

　クロチェッテを作るには、まず収穫したいちじくを風通しのよい場所で3日〜1週間天日に干し、洗う。そして枝についていた軸をほんの少し残したまま、離れないようにして下から縦に半分に切り、ゆるんだカスタネットのように開く。

　その内のひとつを皮を下にして置き、上に別のいちじくを十字にクロスさせて置く。その上には皮をむいて炒ったアーモンドとオレンジの皮、そして今度は皮側を上にしていちじくをふたつ、やはりクロスさせながら重ねる。このようにクロスさせて作ることから、「小さな十字架」を意味するクロチェッテの名がついた。

　この4層のいちじくに重しをのせ、中のアーモンドがぴったりおさまるようにしてオーブ

南イタリア／カラーブリア州

ンで焼く。こうすると果物の発酵を抑え、長期保存が可能になる。そして冷ましてからシロップに漬ければ、写真のようなつやのある濃褐色のクロチェッテが出来上がる。

噛み締めると、ジュワジュワといちじく特有の風味と濃縮した甘味が押し寄せ、アーモンドとあいまってエキゾチックな味わい。この濃縮度はカロリーの高さにも通じるが、事実、昔は貴重な栄養源だったようだ。

以前、カラーブリアの料理書に、鉄板いっぱいに並べたクロチェッテをオープンエアの薪の炉に入れている写真があったことを思い出した。ページをめくると、アーモンドの他にも、くるみやヘーゼルナッツを入れたりすると書いてある。炉に入れようとしているのは、黒いワンピースに前かけという南部ならではのファッションをしたふくよかな体型のマンマ。

「カラーブリアでは、家庭でも作る身近なドルチェです。今日では、とくにクリスマスのディナーを締めくくるドルチェとしていちじく菓子が欠かせません。クロチェッテの他にも、3本の長い枝に交互にいちじくを差して層にしたトゥレッチェや、香りのよいミルト（南イタリアに自生する常緑の低木）の枝に差して丸く曲げたコロンチーニもあります」とニコラさん。お供のお酒には、たいていシトロンのリキュールや深みのある琥珀色の地元のデザートワイン、グレーコ・ディ・ビアンコが注がれる。

## 材料（作りやすい分量）

いちじく … 48個
アーモンド … 48粒
オレンジピール（細切り）… 48本
グラニュー糖 … 15g
シナモンパウダー … 適量
〈シロップ〉
グラニュー糖 … 125g
オレンジの皮（細切り）… 1個分
アニス風味のリキュール … 20ml

### 下準備
- シロップを作る。鍋に水125gとグラニュー糖、オレンジの皮を入れ、火にかける。沸騰したら弱火にして、完全にグラニュー糖が溶けたら、火からおろし冷ます。
- オーブンを240℃に温める。

## 作り方

1 いちじくを風通しのよいところに並べ、3日〜1週間乾燥させる。
2 流水でさっと表面を洗い、水気を拭いて、少し軸を残して底から2枚に切り開き、皮を下にし、2個分のいちじくを軸を中心に交差させる。アーモンドとオレンジピールを中に入れ、上からもうひと組みの交差したいちじくを重ね、軽く重しをしておく。
3 2を12個作り、さっと流水の下を通し、グラニュー糖とシナモンを混ぜてふりかけ、天板に重ならないようにして並べ、240℃のオーブンで10〜15分、黄金色になるまで焼く。
4 シロップにアニス風味のリキュールを加え、冷ました3を漬ける。

### *memo*
◆ イタリアでは密閉できるガラス容器に入れ、冷暗所で2年間は保存できます。リキュールはお好みで柑橘風味にしてもよく、リキュールなしでも大丈夫です。

→ SICILIA

【シチリア州】
リコッタクリーム入りのコルネ

# カンノーリ
## Cannoli

謝肉祭のお菓子

　カンノーリは、イタリア全国のパスティッチェリーアにある定番的なドルチェ。筒状のパイ生地にカスタードやチョコレートクリームを詰めたものが多いが、本場シチリアのカンノーリ・シチリアーニは、「スコルツァ」と呼ばれる生地にリコッタクリームを詰めたものである。

　スコルツァは小麦粉やココアパウダー等を練り合わせた生地を薄くのばし、円形にくりぬき、金属製の筒に巻いて揚げる。以前は、夏に乾燥させたさとうきびの茎を筒代わりに使っていた。どこの家庭にも、揚げ油がしみこんで飴色になった筒が置いてあったそうだ。

　中に詰めるクリームは、リコッタに粉糖、シトロンピールやオレンジピール、あるいはチョコチップを混ぜたもので、この時のリコッタは牛乳製ではなく羊の乳から作られたもの。リコッタの原料になる羊乳のホエイ(乳清)は良質なタンパク質を含んで、まろやかでコクのある味わいになるからだ。このクリームをスコルツァに詰め、クリームの側面にオレンジピールやドレンチェリーなどで飾りつけし、全体に粉糖をふりかけて完成する。

　スコルツァは数日前から準備できるが、クリームのほうは新鮮さが命。できたてのリコッタを使うのが必須だ。実際、食料品店などではスコルツァだけを箱入りで売っていたりもする。スコルツァのクリスピー感を存分に味わうには、食べる直前にクリームを詰めなくてはならない。

　安くておいしいシチリア料理店として評判の、ミラノにある通称「ピッポ」でも、クリー

南イタリア／シチリア州

ム詰めたてのカンノーリが食べられる。オーダーすると、主人のピッポみずから、スコルツァとリコッタクリームを入れたボウルを客席に運び、ジョークを飛ばし、おしゃべりしながら手際よくスプーンでクリームを詰めてくれる。サックリした堅めのスコルツァと、甘くねっとり、それでいてしつこくないクリームが対照的な味わい。初めは直径がゆうに3cm、長さは10cmを超える大きさにひるんでいても、ペロリといける。

　昔は、謝肉祭の季節になると手作りのカンノーリを贈り合ったものだという。家族がたくさんいたからか、必ず12個以上を贈るのが決まりだった。今や出生率が低下したイタリアでは、こんな習わしも遠い昔の話になってしまったようだ。

## 材料（22〜24個分）

〈スコルツァ生地〉
小麦粉（タイプ00）… 250g
ココアパウダー … 5g
コーヒーの粉 … 3g
バター（無塩）… 15g
グラニュー糖 … 30g
卵白 … 1個分
マルサーラ … 大さじ4
塩 … ひとつまみ
溶き卵、揚げ油 … 各適量
〈詰めもの〉
羊乳のリコッタ … 750g
バニラ風味の粉糖 … 300g
チョコチップ … 75g
〈仕上げ〉
粉糖、オレンジピール（細切り）… 各適量

### 下準備

- バターは常温にし、柔らかくする。
- 小麦粉とココアパウダーを一緒にふるう。
- リコッタをざるに入れ、よく水切りする。

## 作り方

1　スコルツァ生地を作る。ボウルに溶き卵と揚げ油以外の全材料を入れ、手でよく混ぜる。ふきんをかけて2時間休ませる。

2　台に取り出し、麺棒で厚さ1mmほどに薄くのばす。直径10cmの円形に抜く。

3　金属の棒（直径2〜2.5cm、長さ15cm）を対角線上に置いて、生地を巻きつけ、合わせ目に溶き卵を塗ってとじる。180℃の揚げ油でカラッと揚げる。粗熱が取れたら金属の棒からはずす。

4　詰めものを作る。リコッタに粉糖とチョコチップを加えて混ぜる。

5　太めの丸口金をつけた絞り袋に4を入れ、スコルツァ生地の中に絞り出す。粉糖をふりかけ、オレンジピールを飾る。

### *memo*

◆ コーヒーの粉の代わりに、インスタントコーヒーを少量のお湯で溶いたものを使用してもよいです。その時はマルサーラの量を調整してください。
◆ 羊乳製のリコッタが手に入らない場合は、牛乳製で代用してください。
◆ リコッタに粉糖を入れすぎるとクリームがゆるくなるので、加減をしながら加え、好みの堅さにしてください。
◆ チョコチップの代わりに、刻んだオレンジやシトロンピールを入れてもおいしいです。

SICILIA

【シチリア州】
フォンダンをかけたリコッタのトルタ
# カッサータ
## Cassata

修道院生まれのお菓子

　その昔、修道女があまりにも熱心に作っていたため、カトリック当局が思いあまって禁止令を出したといういわくつきのドルチェ——それがカッサータ・シチリアーナである。禁止令が出されたのはシチリア西部の漁師町マッザーラ・デル・ヴァッロで、1500年代の終わりのこと。カッサータのために復活祭の宗教行事がおろそかになったというのが理由だった。

　このドルチェは、もともとアラブからやってきた。語源はアラビア語のquas'at（クアサトゥ）。「大きな丸い鉢」という意味である。この丸い鉢で、羊飼いができたてのリコッタとはちみつを混ぜて作り始めたおいしいドルチェがカッサータのはじまり。そして修道院の中で磨きに磨かれ、カッサータになった。だが、はじめはタルト生地で作るオーブンで焼いたもの。それが今見られるカッサータ・シチリアーナになったのは、1873年にパレルモの菓子職人サルヴァトーレ・グリが、ズッカータと呼ばれるかぼちゃの砂糖漬けを飾りに華やかに仕上げたことによる。1998年にはカッサータ1000年祭が催された。とにかく長い歴史をもつドルチェなのである。

　修道女をとりこにしたこのカッサータは、金属製の高さ4cmのマンケ型を利用して作る。傾斜している内側の側面に薄くのばしたグリーンのマジパンを貼り、さらに薄く切ったスポンジを型の底とマジパンの上に貼る。一方で、リコッタを裏ごししてなめらかにし、粉糖とチョコチップを混ぜる。このリコッタはもちろん羊乳から作られた極上のフレッシュなもの。人によってはズッカータを細かく切って入れたり、マラスキーノなどのリキュールを加えることもある。このリコッタをスポンジの内側に詰め、上にもスポンジをの

南イタリア／シチリア州

せて蓋をする。

　これを冷蔵庫で休ませ、馴染んだところで裏返しにして型からはずす。上から温めたフォンダンをかけ、色とりどりのフルーツの砂糖漬けや銀色のアラザンで飾りつけして完成する。

　カッサータはシチリアの各地で作られているが、デコレーションの方法はいろいろある。東のカターニャでは側面のグリーンのマジパンがなく、白いフォンダンだけ。ところによっては白いフォンダンをかけてからマジパンをぐるりと巻いたものもある。また、側面のマジパンを間隔をあけて貼り、縞模様にしたりと、それぞれのパスティッチェリーアが工夫を凝らしている。でも、一番目を奪われるのは、上に飾られているフルーツの砂糖漬けの鮮やかな色彩。シチリアの太陽の強い光に負けないほどに輝いている。

　パレルモ郊外のパスティッチェリーア「デリツィア」のジュゼッペ・ロ・ファーゾ氏は、「オレンジ、シトロン、洋梨、さくらんぼう、いちじく、あんずといろいろな種類の砂糖漬けを使うが、中央にマンダリン、そのまわりに薄切りのズッカータをカーブをつけて飾るのがカッサータの基本」という（左ページ写真）。

　最近はイタリアのドルチェ界でも健康志向から甘味を控える傾向にあるが、このカッサータは砂糖を超えていると思えるほどに甘い。でも、しっかりした味のシチリア料理の締めくくりには、カッサータがぴったり。そして「ドルチッシモ（甘い＝ドルチェの最上級）」なカッサータには、シチリア島よりもっと南のパンテッレリーア島の、琥珀色をしたコクのある甘口ワイン、パッシートがよく合う。

とにかくシチリアのお菓子は華やかでカラフル。カッサータは緑色に着色したマジパンで飾るのが定番。

**材料と作り方**

見た目はカラフルで華やかだが、中身はたっぷりのリコッタクリームをスポンジ生地でサンドして作る。リコッタクリームは、チョコチップと粗く刻んだフルーツの砂糖漬けと砂糖をリコッタと混ぜ合わせて作る。
周囲にはマジパンを薄くのばして貼りつけるように乗せ、更に上からフォンダンをかけて落ち着かせる。このとき、フォンダンを上にかけ、側面にマジパンを巻いたスタイルもある。マジパンの上に砂糖漬けのオレンジやさくらんぼう、かぼちゃなどを放射状に飾り付ける。上に乗せる砂糖漬けは好みだが、かぼちゃの砂糖漬けを入れるとシチリアらしくなる。最後にギャッチャ・ビアンカ（粉糖と卵白で作る白い砂糖衣。フランス語ではグラス・ロワイヤル）を絞り袋に入れて、好みの模様に絞り、飾りつけする。

SICILIA

【シチリア州】
フルーツをかたどったマジパン

# フルッタ・マルトラーナ
## Frutta Martorana

修道院生まれのお菓子

　シチリアを訪れたことのある方なら、必ず粘土細工のような小さなフルーツを目にしたことがあるはず。菓子店はもちろん、みやげもの店やバールでも、色鮮やかなマンダリン、洋梨、桃、栗、アーモンド、シチリア特産のサボテンの実などをかたどったフルーツ類が盛りだくさんに並んでいる。

　これがフルッタ・マルトラーナ（マルトラーナのフルーツ）。当地のシンボル的なドルチェで、日持ちするために今ではツーリストの格好のおみやげになっている。

　マルトラーナとは、シチリアの州都パレルモにほど近い、修道院の名前。1194年に貴族エロイザ・マルトラーナの要望で造られたベネデット派の修道院だ。元はここで作られていたことに由来する。修道女たちが、11月初めの「死者の日」――日本でいう「お彼岸」の墓参りのためにこのお菓子を作っていた。次第に、それ以外の時期にも作られるようになり、日曜日にこのお菓子目当てに行楽で出かけてきた人々によってシチリア各地に広まった。今ではシチリアにとどまらず、全国の菓子店でも売られ、食後や午後の休憩にエスプレッソとともにひとつ、ふたつつまむのである。

　フルッタ・マルトラーナの生地は、アーモンドの粉にグラニュー糖、水、オレンジ風味のエッセンス、グルコースを加えて練ったもの。これを洋なしやりんごなどの好みのフルーツにかたどり、乾かし、色づけして、水で溶いたアラビアガムで光沢をつける。つややかで、赤、緑、オレンジの派手な色合いが過激なほどに強烈だ。食べものというよ

南イタリア／シチリア州

り、飾りものといったほうがふさわしい華やかさである。

　この生地は、パスタ・レアーレ（ロイヤルパスタ）、マルツァパーネ（マジパン）、パスタ・ディ・マンドルレ（アーモンドペースト）とも呼ばれ、形を作りやすいせいか、クリエイティヴな菓子職人の心をくすぐるらしい。フルーツだけでなく、たとえばフィノッキオ（フェンネル）、にんじん、とうもろこしなどの野菜バージョンや、魚、えびなどの魚介バージョンなどいろいろな形のものを作り上げる。なかには、丸い穴のあいたエメンタールチーズの塊や、サラミを挟んだパニーノを模したものまである。こうなると、お菓子というよりキュートな小物である。

　シチリアみやげに買って帰ったこのフルッタ・マルトラーナを、しばらく飾って眺めたあと、思いつきで久しぶりにたてた抹茶と合わせてみた。これが不思議にぴったり。アーモンドの香りのするこっくりした甘さのマルトラーナと、抹茶のまろやかな苦みが意外に合う。はかない色合いでデリケートな甘さの和菓子の練り切りとはまったく違うが、抹茶との相性はなかなかのもの。

　以前は人にすすめられるたびに、イタリア人ってどうしてこんなものを好きなんだろうと不思議に思っていたのに、これがきっかけでその魅力に目覚め、病みつきになってしまった。

オープンマーケットでもひときわ目を引くフルッタ・マルトラーナ。

## 材料（作りやすい分量）

A
- アーモンドパウダー … 200g
- グラニュー糖 … 150g
- グルコース（ぶどう糖）（※1）… 80g
- オレンジフラワーウォーター … 適量

アラビアガム（※2）… 適量
食用色素 … 適量
片栗粉（打ち粉）… 適量

※1　グルコースがなければ、材料の**A**と作り方**1**〜**3**を省き、市販のマジパンで代用する。
※2　アラビアガムはとろみや粘りを出すための食品添加物。

## 作り方

1　鍋に**A**と水60mlを入れて混ぜ、弱火にかける。
2　絶えず混ぜ合わせ、沸騰する前に火から下ろす。
3　粗熱が取れたら両手で捏ね、なめらかな生地にする。
4　小さく切り分けて、手に片栗粉をつけ、さまざまな果物の形にし、1日置いて乾燥させる。食用色素で色づけし、再度乾かす。
5　水で溶いたアラビアガムを塗って光沢をつけ、完全に乾かす。

### memo
◆ 緑色の製菓用プラスチック板を葉っぱ形に切り、添えてもかわいい。

【シチリア州】
ジェラートを挟んだブリオッシュ

# ブリオッシュ・コン・ジェラート
## Brioche con gelato

ふだんのお菓子

　イタリアに住み始めてまもなくのころ、バールに入って面食らったことがあった。あの三日月形のクロワッサンを、みな口々にブリオッシュ、ブリオッシュと呼んでおいしそうにほおばっていたからだ。ならば、私がこれまでブリオッシュと思っていたのはなんと呼ぶのだろう……。

　その疑問は、シチリアに行って解決した。それもまた「ブリオッシュ」なのである。丸くこんもりと盛り上がったパンの中心に、小さなポッチがついたおなじみのブリオッシュ・ア・テット。シチリアに来てやっと巡り合えたのだった。でも、日本とはちょっと様子が違う。誰もかれも、ジェラートと一緒に食べているのだ。

　「ブリオッシュで、えーと、チョコレートとヘーゼルナッツとバニラ」「ブリオッシュをレモンといちごで」などと注文しては、好みのジェラートをたっぷり挟んでもらう。

　シチリアのブリオッシュは日本のものより堅めで、しっかりした歯応えがある。味は甘味が抑えられていて普通のパンに近い。これに、とびきり甘く濃厚なジェラートを挟み、かぶりつく。アイスクリームとウエハースのような、ちょっとおすましした食べ方とは対照的に、大口をあけてほおばる豪快なものだ。

　このブリオッシュつきジェラートは、ボリューム満点のおやつとあって、若者たちから圧倒的な支持を得ている。高校の校門前には、休み時間になると小型トラックを改造した移動ジェラテリア（ジェラート店）が横づけされ、生徒たちがいっせいに集まってくる。荷台には、ジェラート、グラニータ（グラニテ）、コーン、紙カップ、ブリオッシュ。

南イタリア／シチリア州

　生徒たちはあっという間にブリオッシュのジェラートを手に手に散っていく。そして移動ジェラテリアも、次の学校を目指して走り去る。

　昔はたくさんあったこの移動ジェラテリアも、最近は数少なくなっているという。ブリオッシュもポッチつきからバーンズ形が主流になりつつある。私は、シチリアを訪ねたときには、なんとしてでもこのブリオッシュで挟んだジェラートを食べる。もちろん、そのボリュームとおいしさゆえ。でもふつうの日本人だったら、この4分の1の量で十分だろう。

　シチリアのバールでは、朝、コーヒーのグラニータにブリオッシュを浸しながら食べる人も多い。照りつける太陽の強烈なシチリア、こんな涼しい朝食がなければ、一日をがんばることができないのかもしれない。

## 材料（作りやすい分量）

- 小麦粉(タイプ0。あればマニトバ粉) … 550g
- バター … 200g
- グラニュー糖 … 80g
- 牛乳 … 70㎖
- 塩 … 7g
- ドライイースト … 5g
- 全卵 … 5個
- 溶いた卵黄 … 1個分
- 生クリーム(乳脂肪約40%) … 大さじ2
- ジェラート(市販) … 適量

### 下準備
- 卵とバターを室温に戻す。

## 作り方

1　ボウルにふるった粉、グラニュー糖、塩、ドライイーストを入れて混ぜ合わせ、少しずつ温めた牛乳を加えながら捏ねる。

2　卵を1個ずつ割り入れては捏ね、なめらかな生地にする。

3　バターは角切りにして、少しずつ加え、バターが生地になじんだら、次のバターを加えるようにして捏ね、30分ほどかけて生地を作る。

4　3をボウルに移し、ラップをかけて室温において約3時間発酵させる。冷蔵庫に12時間入れ、さらにゆっくり発酵させる。

5　冷蔵庫から出して冷たいうちに麺台で棒状に整え、8等分にする(1個約140g)。

6　5をそれぞれ短い棒状にして、端から1/3の部分にくびれを作る。2/3部分の生地の真ん中に小さな生地がくるように整え、ブリオッシュ・ア・テット形にする。

7　オーブンシートを敷いた天板に、間隔をあけて並べる。溶いた卵黄と生クリームを混ぜて刷毛で表面に塗り、火のついていないオーブンに1時間半ほど入れる。

8　オーブンから天板を出し、再度溶いた卵黄と生クリームを混ぜたものを塗り、160℃のオーブンで25～30分ほど焼く。網の上で冷ます。好みのジェラートを挟んで食べる。

### *memo*
- 乾かないように保存し、1日以内に食べてください。
- 焼く前、焼いた後も生地の冷凍保存が可能です。
  ジェラートがなければグラニータを合わせるのがシチリア風。
  カスタードクリーム、ジャム、ヘーゼルナッツのクリームなどと合わせてもおいしいです。

SICILIA

【シチリア州】
雪から生まれた氷菓子

# グラニータ
## Granita

ふだんのお菓子

　イタリアでは日差しがジリッと照りつけるころになると、バールにグラニータが登場し始める。透明のマシンをのぞくと、ゆっくり回転する羽根に連れられて、薄い黄色やコーヒー色の細かい氷の粒が波のように次々と押し寄せるのが見える。

　これをグラスに入れ、太いストローを添えてサービスするのがグラニータ。「でも、伝統的なシチリアのグラニータはもう少し粒が粗くて、ストローじゃなくスプーンで食べるシャキシャキしたものなんだ。それに甘いだけでなく、レモンやコーヒーの風味がもっと生きていなくちゃね」と、シチリア出身のジョヴァンニは嘆く。

　グラニータはシチリア生まれのデザートで、ジェラート(アイスクリーム)の祖先でもある。

　今はいつでも気軽に食べられる氷だが、その昔はたいそう貴重なものだった。アラブ人はシチリア島に攻め入って、初めて雪を見ただけでなく、それを売る人「ネヴァローリ」の存在も知った。ネヴァローリは冬になると山の北側に穴を掘り、降り積もる雪をそこにしまい込んでしっかり蓋をしておく。夏、涼が恋しくなると、それを取り出して売り歩いた。人々はネヴァローリの雪を心待ちにし、家で風味をつけ、冷たい飲み物にして楽しんだ。これがグラニータの始まりである。

　レモンなどの果物、そしてコーヒー、アーモンドミルクと、異なる風味のグラニータがあり、シチリアでは、ジェラートとともに1年を通じて親しまれている。特に暑い盛りには、

南イタリア／シチリア州

ブリオッシュをコーヒーのグラニータに浸して朝食にする。

シチリアのジョヴァンニの実家へ行くと、いつもマンマが自慢のグラニータを作ってくれる。水にグラニュー糖を加えて温めて溶かし、冷ましてから搾りたてのレモンジュースをたっぷり入れる。それをメタルの器に移し、時折かき混ぜながらフリーザーで凍らせる。固まったら、スプーンで表面を削って粗めのかき氷を作る。ひと泳ぎしたあとの昼下がりに食べるレモンのグラニータの味は格別だ。ひんやりのど元を過ぎ、レモンの香りがふわーっと広がる。

簡単そうなレシピなのでミラノの自宅へ戻って作ってみたが、どうしてもあの味にならない。やはりシチリアの太陽の下で育ったレモンがないと、あの時のあの風味は生まれないのだろうか。

シチリアのマンマに電話してコツを聞くと、「大切なのはうちの庭のレモンと、私のアモーレ（愛）かしら」。

いつでもマンマのアモーレは偉大なのである。

### 材料（作りやすい分量）
〈レモン風味〉
グラニュー糖 … 500g
レモン … 10個
〈コーヒー風味〉
グラニュー糖 … 500g
濃くいれたエスプレッソ … 200㎖

### 下準備
- 鍋にレモン風味は500㎖、コーヒー風味は800㎖の水とそれぞれの分量のグラニュー糖を入れ火にかけて完全に溶かし冷ましておく。
- レモンを搾り、種を取り除く。

### レモン風味の作り方
1. シロップとレモン汁を混ぜ合わせて金属製の容器に入れ、冷凍庫に入れる。
2. 30分ごとに出してよくかき混ぜ、再度冷凍庫に入れる工程を5～6回繰り返す。さらさらの粗い粒状に凍らせる。

### コーヒー風味の作り方
1. 冷ましたエスプレッソとシロップを混ぜ合わせ、金属製の容器に入れ、冷凍庫に入れる。
2. 30分ごとに出してよくかき混ぜ、再度冷凍庫に入れる工程を5～6回繰り返す。ざらめ状に凍らせる。

### *memo*
- レモン風味のグラニータに、すりおろしたレモンの皮、あるいはライムジュースを加えると味に深みが出ます。
- コーヒー風味にゆるく泡立てた生クリームを添えるとおもてなしにもピッタリです。お好きならグラッパをかけて大人の味わいに。
- グラニュー糖の分量は、お好みで減らしても。

【シチリア州カステルヴェトラーノ】
在来品種の小麦を使った
甘みのある濃厚な味の黒パン

# パーネ・ネーロ・ディ・カステルヴェトラーノ
Pane nero di Castelvetrano

ふだんのパン

　シチリア島の南西、カステルヴェトラーノにオリーブ油の取材に行った時のことである。手摘みのオリーブの収穫風景や畑を見学し、お腹が減ったところでレストランへ向かった。席に着くと、カメラマンのジョヴァンニがテーブルのパン籠を覗いてから「パーネ・ネーロ（黒パン）はないの？」と尋ねた。すると、奥から運ばれて来たのは本当に表面が真っ黒なパン。手に取ると、何とも言えない香ばしい匂いがした。
　試しにちぎって口に含むと、厚めのクラストにしっとりした緻密な生地が対照的な口当り。あたかも黒糖でも入っているような甘みがあり濃厚な味わいで、このパンだけで食事が完結しそうな迫力である。
「このパーネ・ネーロは、一般的なライ麦主体のパンではなく、シチリアでもここだけの希少なもの。高校生のころ、カステルヴェトラーノの友人の家で初めて食べて気に入り、時々頼んで持ってきてもらったんだ」と、ここから約40km離れたマルサーラ出身のジョヴァンニが言う。ここはまた、「カルチョーフィ（アーティチョーク）食い」とあだ名されるほど、おいしいカルチョーフィが採れるところでもある。黒パンとカルチョーフィづくしの食事目当てに、友人の家をよく訪れたと話してくれた。
　このパーネ・ネーロを父親から習い、16歳から作っているトンマーゾ・リッツォさんは、「このパンの特徴の色の黒さも甘みも、昔からここで栽培されている"ティミリア"という

南イタリア／シチリア州

在来品種の硬質小麦に由来するんです」と説明してくれた。なんとこの小麦、シチリアがギリシャの植民地だったころからのものらしい。古代から地元の人に親しまれ、栽培されてきたようだ。以前は、煎ってコーヒー代わりに飲まれていたこともある、個性派の小麦である。

パーネ・ネーロはティミリア25～30％、硬質小麦の全粒粉70～75％を混ぜ合わせて作られる。それに天然酵母、近くのトラーパニの塩田でとれる塩、そして分量の60％の水を加えて30分練り、2時間発酵させ、500g～1kgの"ヴァステッダ"と呼ばれる丸い形にして、さらに1時間発酵させてごまをふる。窯はオリーブの薪を燃やして300℃になったところで掃除して灰を取り除き、そこに生地を入れて約1時間、ゆっくり熱が落ちて行く中で焼き上げる。オリーブの薪から移り込む香りもまた、このパーネ・ネーロの個性をひと押しする。

栽培される小麦の品種は時代とともに移り変わってきたが、50年代の南イタリアで広く栽培されていた小麦のひとつがティミリア種だった。特にシチリアの乾燥した気候に適し、代々シチリアの人々の食をまかなってきたのである。

だがおいしいティミリア麦も、小粒で生産効率が悪いため、次第に新しい品種に取って代わられ、年々作る農家が減り、調達が難しくなり、絶滅の憂き目に遭う。そんな時、スローフード協会が消滅しそうな食品を守る「ノアの方舟」リストに、2000年、このパーネ・ネーロ・ディ・カステルヴェトラーノをのせた。それがきっかけとなりマスコミに取り上げられ、このパンに光が当たるようになり、いろいろな催し物に参加する機会が増えてきた。そして、90年代に提唱され始めた「生物多様性」の保全への取り組みによって、その危機を脱する。

その状況は、ティミリア粉100％で作るパレルモ近郊のマドーニア地方のパン、「パーネ・ディ・ティミリア」にも朗報だった。パーネ・ディ・ティミリアを切り分けると、中にはベージュ色の緻密な生地が見える。朝露に濡れた野原の草を思わせる香りに、甘さがミックスした独特な匂い。やや厚くカリッと堅いクラストと、甘みと酸味の調和のとれたしっとりしたクラムが重厚な味わいだ。小粒のティミリア種はその濃い色も特徴だが、またパンに焼き上げてからの日持ちがよく、パン作りに向いている。

「以前は精製された白いパンが高級とされ、もてはやされていましたが、この黒っぽいティミリア小麦のパンのよさも、次第に見直され若い人達にも好評です」と、ジュゼッペさんはニコニコ嬉しそうに語る。弟のニコラさんとふたりでパン屋を切り盛りしパーネ・ディ・ティミリアを焼いている。この店の同じ硬質小麦の在来品種「ルッセッロ」で作るパンも好評だ。

SICILIA

【シチリア州】
堅く香ばしいクラストにごまがびっしり。
イタリアの底力を感じさせる迫力のパン

# パーネ・シチリアーノ
## Pane sicilliano

硬質小麦粉のふだんのパン

　ミラノに住み始めたころ、イタリアのパンはそっけなく、とてもおいしいと思えなかった。だからパリへ遊びに行く友人に、よくバゲットのおみやげを頼んでいたものである。ところがミケッタ（→p.62）を知り、手のベグリッシーニ（→p.30）と出合って、それは早合点だったと気がついた。さらにはっきり思い知らされたのはシチリアへ行った時。イタリアのパンの底力を見たような気がした。

　そのパン、パーネ・シチリアーノは、黄金色のクラストがバリッと堅くて香ばしく、表面にびっしりついたごまがさらに風味を増している。クラムは、逆に緻密でしっとり。それまでに出合ったことのないパンのおいしさに圧倒された。

　シチリアのパン店に入ると、パンは山のようにあるのにバリエーションはというと驚くほど少ない。ほとんどのスペースをパーネ・シチリアーノが占領しているからだ。長い形のフィローネか、丸いパニョッタ、それも500ｇか1ｋgと大きいサイズばかり。見ているとフィローネの人気が高い。丸形よりもクラスト部分が多いかららしい。幼い子どもたちにも人気があり、機嫌をとるために、パンの端っこのクラストをわざわざご褒美にするほどだ。このバリバリした香ばしいクラストは、硬質小麦を二度挽きしたリマチナータ粉で作られているからである。

作り方はリマチナータ粉に水を加え、麦芽糖、塩、オリーブ油、イーストを入れて練り、麻布をかけて、じっくり発酵させる。リマチナータ粉は、軟質小麦粉より粘性が高いため、生地は上へ上へと持ち上がるように発酵する。そして表面を濡らし、ごまをまんべんなくつけて200〜220℃のオーブンに入れ、30〜45分で焼き上げる。焼きたてはことのほか香ばしい。

　湯気がほかほか出ているような焼きたてのパーネ・シチリアーノを手に入れたら、パーネ・クンサートにしてみよう。クンサートとは「調味した」という意味のシチリアの方言。パンを半分に切り、真っ赤に熟れたトマトの輪切り、塩を洗い落とした塩漬けアンチョビ、薄切りのペコリーノチーズ、バジリコの葉をのせ、オレガノをふり、E.V.オリーブ油をまわしかけてもう一枚で挟む。軽く手のひらで押さえて中の具とパンの生地を馴染ませ、味をひとつにする。これをガブリと食べれば南の太陽の風味が口中に広がる。「これに合うのは、地元原生種のネーロ・ダーヴォラとメルロー種を合わせた赤ワイン」とシチリア出身のサルヴァトーレ。このボリュームあるパニーノをよく食べていたという。

　またトランプに熱中して明け方まで戦い続けたときも、焼きたてのパーネ・シチリアーノを手に入れるとリコッタを作っている羊飼いのところへ向かったとか。温かいパーネにまだ湯気のたっているできたてのリコッタをのせ、ワイワイ楽しく、とびきり早い朝ご飯にしたのだそうだ。今では搾ったばかりのミルクでリコッタを作る羊飼いも少なくなり、こんな風景も遠い昔の話になってしまったと寂しそうに話す。

　以前はパリからのパンを楽しみにしていた私も、このごろはシチリアへ行くと帰路のバッグはいつもパーネ・シチリアーノの香ばしい香りで一杯になる。日が経ってクラストのパリッと感が薄れたら、霧吹きで全体に水を吹いてしっとりさせ、アルミ箔で包んでオーブンで焼くとクリスピー感がよみがえり、ふくよかな香りが漂ってきて、いつも幸せな気分にしてくれる。

【サルデーニャ州】

ペコリーノチーズ入り
ラヴィオリのフリット菓子

# セアダス
## Seadas

謝肉祭のお菓子

　イタリアを旅していると、各地で古色蒼然とした素朴なドルチェを見かける。サルデーニャ島に伝わるセアダスも、そんな伝統菓子のひとつ。丸い大型のラヴィオリのフリットで、別名セバダス、セアダ、セアッタとも呼ばれる。

　作り方は、まずセモリナ粉に水とストゥルット（精製ラード）を加えて練る。この生地を薄くのばし、すりおろしたレモンの皮と小さく切ったペコリーノをのせ、同じ生地をかぶせる。直径10cmほどの丸い型で抜き、ストゥルットかオリーブ油で揚げてグラニュー糖、あるいははちみつをかければ出来上がり。このはちみつは、苦みのあるセイヨウヤマモモからとったものをかけるのが正統だ。

　以前は、小麦粉を水で溶いたところにチーズを加え、温めて溶かし、丸めて円盤状にのばしたものを詰めものにしていた。少ない量のチーズで詰めものを増やし、また整形しやすいようにと考えられた方法だったのだろう。が、今は時間を惜しむためか、手間をかけずにチーズを小片に切ってそのまま詰めものにしていることが多い。このチーズは熟成2〜3日のごく若いペコリーノ。そのフレッシュな酸味がサルデーニャならではの味を作っている。

　ペコリーノは羊乳から作られるチーズだが、サルデーニャは人よりも羊の数のほうが多いといわれるほど羊の放牧が盛んだ。足腰の強い羊は、牛と違ってかなり起伏の激しい険しい山野でも放牧できる。粗野な岩肌を見せる山々に荒々しい原野が続くサル

南イタリア／サルデーニャ州

デーニャは、一世を風靡したマカロニウェスタンの映画の舞台ともなったところ。人為的な力を拒否するかのように昔のままの自然が残っている。羊飼いが犬と共に追う羊の群れは、サルデーニャの風景にしっくり溶け込む。

　そして現在でも、人里離れた田舎の小さな工房でペコリーノが作り続けられている。羊飼いは搾りたての羊乳を大きな鍋に入れ、薪を燃やしながら無駄口をきかずにペコリーノを作る。単独で行動する羊飼いは寡黙である。ここに、陽気なイタリアという図式とまったく異なるサルデーニャ島の特殊性が垣間見える。

　さて、このセアダスだが、他の揚げ菓子と同じように謝肉祭の時期になると、サルデーニャの家庭で頻繁に作られるそうだ。昔は、大きなセアダスを作り、はちみつをかけずセコンドピアット代わりにしていた。でもやはりはちみつたっぷりのセアダスのおいしさには、かなわない。ほんのり柑橘類の風味と酸味のあるチーズのうま味に甘いはちみつが加わったセアダスは、シンプルだけど、抜群な相性である。

## 材料（作りやすい分量）

〈生地〉
セモリナ粉 … 250g
ストゥルット(精製ラード) … 大さじ1
ぬるま湯 … 150mℓ
塩 … ひとつまみ

〈詰めもの〉
熟成の若いペコリーノ（あれば3〜4日
　　熟成のタイプ）… 250g
レモンかオレンジの皮
　　（すりおろす）… 1個分

揚げ油（ストゥルットまたは
　　オリーブ油）… 適量
はちみつ … 適量

## 作り方

1　生地を作る。ボウルにセモリナ粉とストゥルット、塩を入れ、ぬるま湯を少しずつ加えて混ぜ、まとまったら台の上でよく練って均一な生地にし、ラップで包んで冷蔵庫で30分以上休ませる。

2　詰めものを作る。ペコリーノを薄切りにしてボウルに入れ、レモンかオレンジの皮を加え、手で握るように混ぜ合わせ、ぼそっとまとまった詰めものにする。

3　ラップから外した1の生地を薄くのばし、直径10〜12cmの円形を何枚も作る。1枚に2をのせ、生地の縁に水をつけて上にもう1枚の生地をのせ、縁をフォークの背でぴったり押さえる。

4　熱した油で両面色づくまで揚げ、熱いうちにはちみつをかける。

### *memo*

◆ はちみつは、苦味のある栗のはちみつを利用しても。
◆ 若い熟成のペコリーノのほか、糸状に裂けるタイプのチーズ、塩味の薄いプロヴォローネなどでも。
◆ チーズが堅くてまとまらない場合は、細かく切って鍋に入れ温めて柔らかくします。

【サルデーニャ州】
サルデーニャ風
ベイクドチーズケーキ

# パルドゥラス
## Pardulas

復活祭のお菓子

　パルドゥレとも呼ばれるパルドゥラスは、さしずめイタリアのベイクドチーズケーキ。『La cucina della Sardegna（サルデーニャの料理）』（ジュゼッピーナ・ペリーシ著）によると、まず外の生地から作る。セモリナ粉とストゥルット（精製ラード）にぬるま湯を加え、よく練り休ませる。詰めものは羊乳のリコッタかフレッシュチーズをすりおろし、卵やグラニュー糖などを加えたもの。生地を薄くのばして小さな円形にし、中央にチーズの詰めものをのせ、周囲の皮をところどころ指でつまんで波形の浅いコップ形に作る。それをオーブンで焼いて出来上がり。好みにより粉糖やフォンダン、アラザン、はちみつなどをかけてもよい。

　イタリアの思想家アントニオ・グラムシも、投獄された刑務所から1927年マンマに宛てた手紙の中で、家族みんなでテーブルを囲んでの食事ができる日を信じている、その食卓にはパルドゥラスがある、と綴っている。中世から続く長い歴史を持つパルドゥラスは、サルデーニャの人々に深く浸透し、今や郷土を代表するドルチェとして親しまれている。

　「昔はね、家庭にオーブンがなかったから、家で準備して、焼き釜のあるパン店まで持って行って焼いてもらったものなのよ」と、サルデーニャ州サッサリ近郊出身のピエラ。復活祭近くになると村中の家々が作るため、パン店で順番を待ちながら焼いてもらったという。

南イタリア／サルデーニャ州

「ミラノに引っ越してきてから、試しにフレッシュチーズで作ってみたけど、チーズがサルデーニャとは違うせいか同じ味にならないのよ」

やはり、地元産のチーズを使わないと"本物"はできないらしい。彼女のレシピではレーズンが入り、またドルチェなのになぜかパセリのみじん切りも入る。不思議に思い、文献をあたってみると、パルドゥラスにはドルチェ（甘いデザート）のほかに、「サラート（塩味）」バージョンもあることを見つけた。

それによると、外の生地は同じで、詰めもののチーズにはドルチェバージョンに入れるグラニュー糖も柑橘の皮も入れず、刻んだパセリを加える、とある。なるほど、こうすればアンティパストやスナックに向きそうだ。

横で私たちのおしゃべりを聞いていた同じサルデーニャ州ガッルーラ出身の、おいしいもの好きのフラウビオは「ドルチェバージョンには、麦わら色で果実の風味のする甘口発泡性のモスカート・ディ・テンピオ・パウザーニアを、サラートには辛口ですっきりした味の白ワイン、ヴェルメンティーノが合うよ」と、サルデーニャのワインを挙げてくれた。

## 材料（作りやすい分量）
〈生地〉
セモリナ粉 … 200g
ストゥルット（精製ラード）… 40g
塩 … ひとつまみ
〈詰めもの〉
羊乳のリコッタ … 500g
卵 … 2個
グラニュー糖 … 80g
セモリナ粉 … 大さじ2
サフランパウダー … 少量
レモンの皮、
　オレンジの皮（すりおろす）… 各1個分
塩 … 適宜

粉糖（好みで。飾り用）… 大さじ2

## 下準備
- ぬるま湯130mlに塩を溶かし、セモリナ粉とストゥルットを加えよく混ぜ合わせる。
- 上記の生地をよく練り、均一になったら、ラップで包み一晩冷蔵庫で休ませる。
- オーブンを160℃に温める。

## 作り方
1 詰めものを作る。水切りをして裏漉ししたリコッタをボウルに入れ、割りほぐした卵、グラニュー糖、セモリナ粉、サフラン、レモンとオレンジの皮、塩少量を加えて、なめらかになるまでゴムべらで混ぜ合わせる。
2 前日に作り、一晩休ませた生地を麺棒で2mm厚さにのばし、直径10cmの円形に抜く。
3 生地の中央にくるみ大の詰めものをのせ、生地の縁をところどころ指でつまんで波形の浅いコップ形に作る。
4 詰めものを平らにして、160℃のオーブンに15〜20分入れ、表面が黄金色になるまで焼く。
5 オーブンから取り出し、刷毛で水を塗り、上から粉糖をふる。

### *memo*
- 生地はセモリナ粉の代わりに小麦粉（タイプ0）、ストゥルットの代わりにバターを使っても可。その際は詰めもののセモリナ粉も小麦粉にします。
- 仕上げの粉糖の代わりに、温めたはちみつやフォンダンをかけたり、カラースプレーを散らしてもよいです。

SARDEGNA
Nuoro

【サルデーニャ州ヌオーロ】
材料はセモリナ粉。
ひなびた味わいの超極薄パン

# パーネ・カラザウ
## Pane carasau

羊飼いの妻たちが作り始めたパン

---

　ふんわり、ふかふか柔らかい──日本人の描くそんなパンのイメージとはまったく違うのがパーネ・カラザウである。ごく薄い円盤状に焼き上がったカラザウは、パリッと堅い食感でひなびた味わいがする。もともとはサルデーニャ島の内陸、ヌオーロ周辺の羊飼いが持ち歩いていた日持ちのよいパンだったが、今ではサルデーニャからイタリア全土に広まり、パン店のほか食料品店やスーパーでも見かけるようになった。
　その昔、このカラザウを作るのには3人の力が必要とされ、それは女性の大切な仕事だった。姉妹や従姉妹や、近所の奥さんたちなど、お互いに必要な時に力を貸し合い、作り上げる共同作業である。そんな時は女性たちは、まだ日が昇る前から集まる。
　まず材料のセモリナ粉、あるいは手元に残る斑入りの大麦の粉と水を力強く捏ねて、堅めの均一な生地にし、木製の発酵箱に入れる。その後テッラコッタ製の容器に入れて休ませてから、小さな塊に分け、麺棒で厚さ2〜3mm、直径30〜40cmの円盤状に薄くのばす。そして高温の450〜500℃の薪窯に入れると、またたくまにクッションのように膨らむ。それを窯から取り出し、ナイフで上下の2枚の円盤状の生地に切り分け、お互いがくっつかないように麻布を挟んで重ね、重しをして平らになるように冷ます。そして、名前の由来の「カラザウトゥーラ（サルデーニャ語で、きつね色に焼くの意）」に

入る。この2回目の焼く工程で、特徴的な表面の焼き色とカリカリした食感が生まれるのである。1回目より温度は低く、180℃で7分ほど焼く。時代を経て、今では材料に塩とイーストが加わるようになった。

　昔、地元ではこのカラザウを上手に作れることが良妻の条件とされ、失敗でもしてこっそり店で買おうものなら非難の嵐にさらされたそうだ。きっと生地の捏ね加減や焼き加減など、工程ごとにおいしく作る秘訣があったに違いない。

　淡いクリーム色に焼き上がったカラザウはザラッとした粗さといい、羊皮紙にそっくり。聖歌の音符がよく羊皮紙に書き記されていたため、このパンはカルタ・ダ・ムージカ（楽譜）とも呼ばれている。

　カラザウはこのままパリパリと食べたり、砕いて朝食の牛乳の中やスープに入れたりする。またローズマリー等の香草を散らし、オリーブ油をかけ、オーブンで温め直すと食前酒と楽しむのにもぴったり。ちょっと手を加えれば一品料理にもなる。熱いスープに入れてしとらせたカラザウにトマトソースとすりおろしたペコリーノチーズをかけ、真ん中にポーチトエッグを盛ったものは、パーネ・フラッタウというれっきとしたサルデーニャの郷土料理である。

　テレビのある料理番組でカラザウのパニーニを紹介していた。ただでさえ割れたり欠けやすいカラザウ。大きな円盤を丸ごときれいに保管することは難しい。これを一体どうやってパニーニにするのか？　それは熱いスープならぬ水でしとらせて扱いやすくしたカラザウにハムやチーズを挟むというものだった。

　番組につられて、以来いろいろな具を入れて試しているが、その中で友人たちに好評なのが「スモークチーズとルーコラのバルサミコ酢風味」。ラップの上にしとらせたカラザウを敷き、薄切りのスモークチーズ、ルーコラをのせ、バルサミコ酢をふり、のり巻きの要領でくるくる巻いて少しなじませる。ラップをとり、上火だけのオーブンで3分ほど焼けば出来上がり。パリッとした表面とソフトな内側の対照的な食感のコントラストも、とろりと溶けたスモーキーなチーズとの相性もなかなかだ。

　また料理上手なマリーザから、冷製ラザーニャというレシピを教えてもらった。卵入りパスタの代わりに、水でしとらせたカラザウと交互に、オイルと塩で和えたトマト、リコッタとバジリコを重ねる。火を使わずにすみ、暑い日にはありがたい料理なのよと言う。「でも寒くなったら、正統派ラザーニャをカラザウで作ってみるのも、面白いかもしれないわね」とマリーザ。そんな料理の幅を広げてくれるパンでもある。

## イタリアで使われる地方菓子の材料

イタリアで使われている一般的な材料について紹介します。

　イタリアの地方菓子の基本材料は、どの家庭にもある身近な粉と卵とバター。だが、そこに加えていく材料に地域性があり、地方菓子としての多様性とおもしろさが生まれている。たとえば、小麦粉は一般的に軟質小麦の粉を使うが、サルデーニャなど硬質小麦の産地では、その粉を使ったお菓子が多い。また粉は小麦だけではなく、とうもろこしの粉、栗の粉、アーモンドやヘーゼルナッツの粉、じゃがいもでんぷんなどもよく使われ、それは土地の産物と結びついている。とうもろこしの産地である北イタリアにとうもろこし粉入りの焼き菓子が多いのもそうした理由がある。ナッツにしても、アーモンドは南部、ヘーゼルナッツは中北部で良質なものが豊富にとれるため、お菓子にもその地域性が反映されている。粉末だけではなく、そのままホールで、あるいは刻んで生地に混ぜ合わせることもあり、カリッとした歯応えを残し、その豊かな風味を活かしている。

　乳製品も、材料の使い方に南北の地域差がはっきり出ている材料だ。牛の飼育が中心の北部は牛乳から作られる生クリームやバター、マスカルポーネを、一方、羊の多い南部は羊乳のリコッタを多く使用する。

　甘味料は砂糖だけではなく、はちみつを使うことが多いのも地方菓子の特徴である。古代から活用しているだけあり、今でも揚げ菓子にかけたり、詰めものに混ぜ合わせたりと使い方もさまざまだ。そして、何よりイタリアの菓子材料として登場頻度が高いのは、フルーツの砂糖漬けだろう。焼き菓子の生地に入れたり、クリームに混ぜたり、飾りにしたりと、ほぼイタリア全土でいろいろに利用される。一般的なのは、シトロンとオレンジのピールで、小さくカットされたものが市販されている。

　カラフルなカラースプレーやアラザンは、日本ではもっぱらホームメイド用の感があるが、イタリアでは菓子店でも健在。出来上がりにふりかけるだけで、簡単に華やかなデコレーションができるということで重宝されている。特に南部の菓子の色彩の鮮やかさはカラースプレーによるところが大きい。

### はちみつ

多様な種類のはちみつを使うが、オールマイティに使用するのは数種類の花の蜜がミックスされたミッレフィオーレ。洗練されたアカシア、苦みのある栗、爽やかな香りのオレンジと個性により使い分け、独特の渋みを持つセイヨウヤマモモはセアダス（→p.180）にかける。

### ヘーゼルナッツ

アーモンドと並んで菓子材料としてよく使われるナッツ。ピエモンテ州ランゲ地方、ローマ近郊のトンダ・ジェンティーレ・デッレ・ランケ種が有名。皮付き、皮なしのホール、砕いたものが市販されている。ペースト状は、チョコレートに加えたりジェラートにも使われる。

## イースト

昔はビール生産後に培養され作られていたが、現在は専用に工場生産されフレッシュを固めたもの(生イースト)と顆粒状(ドライイースト)が市販されている。イタリアでは生イーストが広く使われ、目安は小麦粉500gに対して一包装25g。人肌に温めた水か牛乳に小麦粉、または砂糖をひとつまみ入れ、イーストを加え発酵を活発にさせてから用いることが多い。

## アーモンド

プーリア州のチェリエ・メッサーピカ近郊やシチリア州のアーヴォラー帯で収穫されるものが良質。アーヴォラ産は特に粒が大きいのが特徴。シチリアではアーモンドミルクも使う。全国的に皮付き、皮なしホール、スライス、砕いたもの、パウダーと多様な形状で市販されている。

## フルーツの砂糖漬け

多用されるのがオレンジとシトロンの果皮。大きなレモンに似た柑橘類のシトロンは、主にカラーブリア州で栽培され、香りがよくレモンより淡い酸味で、果皮は厚く、果肉が少ないのが特徴。そのためイタリアではレモンよりシトロンが砂糖漬けに使われ、またオレンジも果皮の厚い品種が利用される。

## ドライフルーツ
・いちじく
・レーズン

完熟した果物を乾燥させることにより生より更に甘みも味わいも濃厚に。いちじくは、南部で栽培する種の小さいドッタート種などを使用する。レーズンは、大粒のマラガ、中粒のスルタニーナやコリント、白ぶどうを乾燥させたものなど。あらかじめぬるま湯につけて戻してから使う。

## とうもろこし粉 栗粉

挽き方により粒の大小のあるとうもろこし粉は、単独で使うことはなく小麦粉と合わせて使う。ザラッとした食感とひなびた風味が特徴。一方、乾燥させた栗を挽いて作る栗粉は独特な甘みがあり、普通、他の粉を加えずそのまま使用して栗の風味を生かす。

## リコッタ

南部の菓子によく使われる羊乳のリコッタは、チーズを作った後の乳清を再加熱して作る。放牧飼育の羊のミルクはとくにこくのある味わいで、良質なたんぱく質を多く含む。量り売りされ、使用する際は、水分をきったり、漉して口当たりのよいなめらかなクリーム状にする。

## 粉糖とベーキングパウダー

粉糖とベーキングパウダーは、あらかじめバニラ香をつけたものも市販されている。ふりかけやすいように穴付きの蓋がついた容器入りの粉糖は、最後にふりかけるだけで、甘いバニラの香りがつけられ便利。ベーキングパウダーは小麦粉と混ぜて使用。

## カラースプレーとアラザン

チョコレートと砂糖衣を重ねて、球形や長形、星形にしてカラフルに着色した砂糖。最後の飾り付けに使用。アラザンとともに家庭的なイタリア地方菓子らしさを演出する。

## ピスタチオ

シチリア州のブロンテ産が香り、味ともに良質。刻んだものを最後の飾りにしたり、挽いてペースト状にし、マジパンのように菓子の飾りやジェラートに使う。

# INDICE

**D** = Dolce（お菓子）　**P** = Pane（パン）

菓子名の横の数字は、その菓子の元祖といわれるお店、またはその菓子で有名なお店をSHOP DATAに掲載しています。

## ア

アマレッティ …………………………… **D** 10
オスティア ……………………… **D** 152、112
オスティエ・リピエーネ／① ………… **D** 152

## カ

カスタニャッチョ ……………………… **D** 34
カッサータ／② ……………………… **D** 168
カネストレッリ ………………………… **D** 36
カルテッラーテ ……………………… **D** 156
カントゥッチ／③ …………………… **D** 106
カンノーリ／④ ……………………… **D** 166
キャッケレ ……………………………… **D** 58
グバーナ ………………………………… **D** 74
グラニータ …………………………… **D** 174
グリッシーニ …………………………… **P** 30
クロスタータ …………………………… **D** 90
クロチェッテ ………………………… **D** 164
クワレジマーレ ……………………… **D** 134
コッピア・フェッラレーゼ …………… **P** 103
コロンバ ………………………………… **D** 44
コンフェッティ ……………………… **D** 132

## サ

サヴォイアルディ ……………………… **D** 12
ザバイオーネ …………………………… **D** 14
サラーメ・ディ・チョッコラート ……… **D** 56
ジャンドゥイオッティ／⑤ …………… **D** 16
シュッテルブロット …………………… **P** 70
ズッコット …………………………… **D** 110
ズッパ・イングレーゼ ……………… **D** 108
ストゥルーデル ………………………… **D** 68
ストゥルッフォリ ……………………… **D** 146
ストラッツァーテ／⑥ ……………… **D** 154
スフォリアテッレ／⑦ ……………… **D** 144

ズブリゾローナ ………………………… **D** 50
スポンガータ／⑧ …………………… **D** 96
セアダス ……………………………… **D** 180
ゼッポレ ……………………………… **D** 150
ゼルテン ………………………………… **D** 66

## タ

タラッリ ………………………………… **P** 161
チャッペ ………………………………… **P** 39
チャバッタ ……………………………… **P** 88
チャルデ／⑨ ………………………… **D** 116
ティジェッラ …………………………… **P** 101
ティラミス ……………………………… **D** 86
テーゴレ／⑩ …………………………… **D** 32
トッローネ ……………………………… **D** 52
トルタ・アル・テスト ………………… **P** 126
トルタ・ディ・タリアテッレ …………… **D** 48
トルタ・ディ・ノッチョーレ／⑪ …… **D** 20
トルタ・ディ・リーゾ／⑫ …………… **D** 92
トルタ・デッレ・ローゼ ……………… **D** 60
トルタ・パラディーゾ／⑬ …………… **D** 46
トルタ・バロッツィ／⑭ ……………… **D** 94
トルチリオーネ／⑮ ………………… **D** 122

## ナ

ニョッコ・フリット …………………… **P** 100

## ハ

バーチ・ディ・ダーマ／⑯ …………… **D** 24
パーネ・カサレッチョ・ディ・ジェンツァーノ
　…………………………………………… **P** 137
パーネ・カラザウ …………………… **P** 184
パーネ・シチリアーノ ……………… **P** 178
パーネ・ディ・アルタムーラ ………… **P** 160
パーネ・ディ・ティミリア …………… **P** 177
パーネ・ディ・マイス ………………… **P** 80
パーネ・ディ・マテーラ ……………… **P** 140
パーネ・ディ・リーゾ ………………… **P** 64
パーネ・トスカーノ ………………… **P** 120
パーネ・ネーロ・ディ・カステルヴェトラーノ
　…………………………………………… **P** 176
パーネ・プリエーゼ ………………… **P** 159

| | | |
|---|---|---|
| パアル | P | 73 |
| バイーコリ／⑰ | D | 84 |
| パスティエーラ／⑱ | D | 148 |
| パニョッタ・デル・ディッタイノ | P | 140 |
| パニョッタ・プステレーゼ | P | 72 |
| パネットーネ／⑲ | D | 40 |
| ババ／⑳ | D | 142 |
| パルドゥラス | D | 182 |
| パロッツォ／㉑ | D | 130 |
| パン・カチャート | P | 125 |
| パン・デ・メイ | D | 42 |
| パンドーロ | D | 82 |
| パンナコッタ | D | 22 |
| パン・ノチャート | P | 125 |
| パンパパート | D | 98 |
| パンフォルテ／㉒ | D | 112 |
| ピアディーナ | P | 102 |
| ピッタンキューザ | D | 162 |
| ピッツァ・ディ・パスクワ | P | 124 |
| ピッツァ・ビアンカ | P | 136 |
| フィローネ・カサレッチョ | P | 121 |
| フォカッチャ | P | 38 |
| フォカッチャ・ディ・レッコ | P | 140 |
| ブリオッシュ・コン・ジェラート | D | 172 |
| ブリジディーニ | D | 118 |
| フリセッレ | P | 158 |
| フリッテッレ | D | 78 |
| フルッタ・マルトラーナ／㉓ | D | 170 |
| ブルッティ・エ・ブオーニ／㉔ | D | 54 |
| ブルッティ・マ・ブオーニ | D | 54 |
| プレスニッツ | D | 76 |
| ボストレンゴ／㉕ | D | 128 |
| ボネ | D | 18 |

## マ

| | | |
|---|---|---|
| マリトッツォ | D | 134 |
| ミケッタ | P | 62 |
| メリンゲ | D | 26 |
| モンテビアンコ | D | 28 |

## ラ

| | | |
|---|---|---|
| リッチャレッリ／㉖ | D | 114 |
| リングエ・ディ・スオーチェラ | P | 39 |

## SHOP DATA

① オスティエ・リピエーネ（→p.152）
**Labbate Mazziotta Dolciaria Srl**
Via Valle San Lorenzo, 86081 Agnone (IS)
+39 0865 79116
http://www.labbatemazziotta.it

② カッサータ（→p.168）
**Caffè Sicilia Noto**
Corso Vittorio Emanuele III , 125 96017 Noto
+39 0931 835013
https://www.facebook.com/
Caffé-Sicilia-Noto-59815635165/

③ カントゥッチ（→p.106）
**Biscottificio Antonio Mattei**
Via Ricasoli 20 59100 Prato +39 0574 25756
http://www.antoniomattei.it

④ カンノーリ（→p.166）
**Antico Caffè Spinnato**
Via Principe di Belmonte, 107 90139 Palermo
+39 091 7495104
http://www.spinnato.it

⑤ ジャンドゥイオッティ（→p.16）
**Caffarel**
http://www.caffarel.com

⑥ ストラッツァーテ（→p.154）
伝統的なパーネ・ディ・マテーラ（→p.140）も販売
**Panificio Cifarelli**
Via Istria 17 75100 Matera
+39 0835 385630
http://www.panificiocifarelli.it

⑦ スフォリアテッレ（→p.144）
**Pasticceria Scaturchio**
Piazza S.Domenico Maggiore, 19
80134 Napoli
+39 081 5517031
http://www.scaturchio.it

⑧ スポンガータ（→p.96）
**Luigi Benelli**
Via Cisa, 16/A 42041 Brescello (RE)
+39 0522 687129
http://www.luigi-benelli.it

⑨ チャルデ（→p.116）
**Bargilli**
Viale Pietro Grocco 2 51016
Montecatini Terme (PT)
+39 0572 79459
https://cialdedimontecatini.com

⑩ テーゴレ（→p.32）
**Boch**
Piazza Emile Chanoux, 22 11100 Aosta (AO)
+39 0165 44406

⑪ トルタ・ディ・ノッチョーレ（→p.20）
**Pasticceria La Dolce Langa**
Piazza Vittorio Emanuele II, 7
14059 Vesime (AT)
+39 0144 89128
http://www.ladolcelanga.com

⑫ トルタ・ディ・リーゾ（→p.92）
**Paolo Atti & Figli**
Via Caprarie 7 40124 Bologna
+39 051 220425
https://paoloatti.com

⑬ トルタ・パラディーゾ（→p.46）
**Vigoni**
Corso Str. Nuova, 110 27100 Pavia
+39 0382 22103
http://www.tortavigoni.com

⑭ トルタ・バロッツィ（→p.94）
**Gollini**
Piazza Garibaldi 1/N 41058 Vignola (MO)
+39 059 771079
http://www.tortabarozzi.it

⑮ トルチリオーネ（→p.122）
**Sandri**
Corso Vannucci, 32 06121 Perugia
+39 075 5724112
http://www.sandridal1860.it

⑯ バーチ・ディ・ダーマ（→p.24）
**Pasticceria Zanotti**
Via Marsala 12 15057 Tortona (AL)
+39 0131 861387

⑰ バイーコリ（→p.84）
**Colussi**
http://colussi.net

⑱ パスティエーラ（→p.148）
昔ながらの、化粧缶入りも販売している。
**La Pastiera Napoletana**
Via Benedetto Croce 50 80134 Napoli
+39 081 7901515
http://www.lapastieranapoletana.com

⑲ パネットーネ（→p.40）
オーナーのイニジオ・マッサーリさんは、
イタリア菓子業界の重鎮。
パネットーネコンクールで、常に上位にランキング。

**Pasticceria Veneto**
Via Salvo D'Acquisto, 8 25128 Brescia (BS)
+39 030 392586
https://www.iginiomassari.it

⑳ ババ（→p.142）
**Pasticceria Capriccio**
Via Carbonara, 39 80139 Napoli
+39 081 440579
http://www.pasticceriacapriccio.com

㉑ パロッツォ（→p.130）
**iL Ritrovo del Parrozzo**
Viale Pepe, 41 65126 Pescara
+39 085 60627

㉒ パンフォルテ（→p.112）
**Pasticceria Buti**
Viale Vittorio Emanuele II 53 53100 Siena
+39 0577 40464
https://www.facebook.com/pasticceriabuti

㉓ フルッタ・マルトラーナ（→p.170）
修道院で習ったマリアさんのレシピで作る
伝統的なアーモンド菓子の店
**Pasticceria Maria Grammatico**
Via Vittorio Emanuele, 14 91100 Erice (TP)
+39 0923 869390
http://www.mariagrammatico.it

㉔ ブルッティ・エ・ブオーニ（→p.54）
**Veniani**
Piazza Matteotti,4 21026 Gavirate (VA)
+39 0332 743084
http://www.bruttiebuoni.com

㉕ ボストレンゴ（→p.128）
夏期でも、ボストレンゴを作っていてテイクアウト可能。
**Civico14+5**
Via Dante Alighieri, 19 61042 Apecchio (PU)
+39 338 976 9898
https://www.facebook.com/civico14piu5

㉖ リッチャレッリ（→p.114）
**La Nuova Pasticceria**
Piazza Maestri del Lavoro, 9 53100 Siena
+39 0577 1521466
http://www.lanuovapasticceria-siena.com

## おわりに

　おしなべてイタリアの地方菓子のおいしさは、まだまだ知られていない気がする。見た目勝負では、口べたで自分を表現しきれないイタリア菓子は、完全に負け。でも食べ始めると、知らず知らずに引き込まれてしまう味や、甘さパワー全開の魅力的なお菓子にも出合えるはずである。またイタリア各地方のパンたちも、独特な形や食感を持ち、味わい深く個性的なものが多い。

　本書は2005年に出版した『イタリアの地方菓子』を元に、以前載せられなかった3州のお菓子を新たに取材し、イタリアの地方パンも入れ、加筆修正したものである。

　前書の発売からこの間、食に封建的なイタリアでも、菓子やパンは健康志向の影響から形状が小さくなり、甘さを控える変化も見える。最近はグルテンフリーやヴィーガン対応の商品も増える傾向だ。また、遅まきながらシェフやパティシエが出演するテレビ番組が華やかになり、そこにネット情報も加わって、いくつかの地方菓子も全国的に知名度を上げてきている。

　地方菓子店から出発して、工房から工場生産に拡大し、国外市場も視野に入れた企業として成長している会社もある。一方で、時代に即し伝統を守り続ける難しさからか、老舗店のオーナー交代や大手資本の参入、クローズする店のニュースも聞こえており、時の流れを感じさせられた。

　しかしイタリアには、未だ出合えていない滋味豊かな地方菓子やパンたちが、まだまだ潜んでいるような気がしている。

　最後に、本をまとめるにあたり、適切なアドバイスで、怯みがちになる作業をいつも温かくサポートしてくださった河合寛子さん、面倒なことをいとわずご尽力いただいた小栗亜希子さんはじめスタッフの皆様に心より感謝申し上げたい。

2017年11月ミラノにて　　須山雄子

## 須山雄子

東京・品川生まれ。明治学院大学社会学部卒業後、渡伊。ペルージャ外国人大学、ペルージャ州立ホテル学校調理人課コースを経て、1984年よりミラノ在住。レストラン、食材など食関係についての取材及びコーディネート活動を続ける傍ら、毎日イタリア料理を作る主婦でもある。著書に『イタリアの地方菓子』(料理王国社刊)。多くの雑誌、書籍にて精力的に活躍、『イタリアのレストラン』『イタリアの地方料理』『リーゾ』(以上柴田書店刊)、『お菓子の基本大図鑑』(講談社刊)、『ダル・ペスカトーレ 至極のレシピ集』(日本文芸社刊)などに携わる。

## イタリアの地方菓子とパン

発行日 2017年11月30日　　初版第1刷発行

著　者　須山雄子
発行者　井澤豊一郎
発　行　株式会社世界文化社
　　　　〒102-8187
　　　　東京都千代田区九段北4-2-29
　　　　編集部／☎03-3262-5118
　　　　販売部／☎03-3262-5115
印刷・製本　凸版印刷株式会社
DTP製作　株式会社明昌堂

©Yuko Suyama,2017.Printed in Japan
ISBN978-4-418-17345-7

無断転載・複写を禁じます。
定価はカバーに表示してあります。
落丁・乱丁のある場合はお取替えいたします。

### 主な参考文献

- 『I dolci』Fernanda Gosetti (Fabbri Editori)
- 『Lessico universale italiano』
  (Istituto della Enciclopedia Italiana Treccani)
- 『Le ricette regionali italiane』
  Anna Gosetti della Salda (Casa Editrice Solares)
- 『Grande enciclopedia illustrata della gastronomia』
  (Selezione dal Reader's Digest)
- 『IL pane』(Rai-Eri)
- 『L'Italia del pane』(Slow Food Editore)
- 『L'Italia dei dolci』(Slow Food Editore)
- 『Dolci di Siena e della Toscana』
  Giovanni Righi Parenti (Franco Muzzio Editore)
- 『I dolci siciliani』Maria Adele Di Leo
  (Newton Compton Editori)
- 『Profumi di Sicilia』Giuseppe Coria
  (Vito cavallotto editore)
- 『Ricette della cucina romana a Pompei』
  Eugenia Salza Prina Ricotti (L'erma di Bretschneider)
- 『La cucina piemontese』
  Alessandro Molinari Pradelli (Newton & Compton)
- 『IL panettone milanese』(LA SPIGA)
- 『La cucina milanese』Fabiano Guatteri (HOEPLI)

写真／Giovanni Gerardi
カバー写真／日置武晴
デザイン／齋藤彩子
イラスト／コダイラ タカコ
編集協力／河合寛子
校正／株式会社円水社
編集／小栗亜希子

※ 本書は、2005年3月に発行された『イタリアの地方菓子』(料理王国社刊)を修正、大幅に加筆し、再編集しました。
本書に掲載されている情報は2017年10月20日現在のものです。
諸事情により変更されることがあります。あらかじめご了承ください。